Liebe Leserinnen und Leser,

Torgau ist zweifellos eine der wichtigsten Lutherstädte im heutigen Freistaat Sachsen. Hier sind die Spuren der Reformation allgegenwärtig. Diese Stadt ist ein Kleinod der deutschen Renaissancearchitektur und hat sich in ihrem Ensemble seit 500 Jahren kaum verändert. Besonders sehenswert ist der Blick auf Torgau vom Elbufer aus. Wer mit wachen Augen durch die Stadt geht, kann die noch originalen Gassen erleben, durch die Martin Luther, Philipp Melanchthon, Georg Spalatin und Gabriel Didymus ihre Schritte zum Schloss Hartenfels lenkten. Hier regierte ihr Landesherr, Kurfürst Friedrich der Weise, nach ihm die Kurfürsten Johann der Beständige und Johann Friedrich der Großmütige aus dem Hause Wettin. Sie unterstützten Luther in seinem Handeln und gewährten ihm politischen Rückhalt. Zeitgenössische Zungen behaupteten deshalb, Wittenberg sei die Mutter und Torgau die Amme der Reformation. In jedem Fall aber war Torgau das politische Zentrum der Reformation in Deutschland. Hier wurden Bündnisse zum Schutz des neuen Glaubens geschmiedet und mit den »Torgauer Artikeln« wurde eine wichtige Grundlage für die Augsburger Konfession gelegt, die heute noch in der evangelisch-lutherischen Kirche Bekenntnisrang besitzt.

Lassen Sie sich nach Torgau einladen und besuchen Sie authentische Orte der Reformation. Entdecken Sie eine lebendige Stadt, deren kulturelle Traditionen mit dem Wirken der Komponisten Johann Walter und Heinrich Schütz verknüpft sind. Die Schlosskapelle ist der erste Neubau einer evangelischen Kirche überhaupt und wurde 1544 vom Reformator selbst geweiht. Sie demonstriert den erneuerten Glauben mit einer programmatisch-schlichten Architektur. Mit Schloss nebst Schlosskapelle bemüht sich unsere Stadt derzeit um die Anerkennung als Weltkulturerbe. In der Stadtkirche »St. Marien« können Sie die Grabplatte von Katharina von Bora besichtigen. Die Katharina-Luther-Stube erinnert mit einer Ausstellung an das Wirken dieser couragierten Frau an Luthers Seite. Besuchen Sie auch die interessanten Sonderausstellungen im Schloss oder folgen Sie dem einmaligen Torgauer Museumspfad.

Eine spannende Lektüre und ein herzliches Willkommen in Torgau und Nordsachsen wünscht Ihnen

Andrea Staude
Oberbürgermeisterin
der Stadt Torgau

Inhalt

◄ Titelbild
Schloss Hartenfels mit Wendelstein und Hausmannsturm

(60) Kirchen der Stadt

74 Touristisches und Regionales

EINE BEEINDRUCKENDE RENAISSANCE-STADT —

»Torgaus Bauten übertreffen an Schönheit alle aus der Antike, selbst der Tempel des Königs Salomo war nur aus Holz.«

MARTIN LUTHER

DAS POLITISCHE ZENTRUM DER REFORMATION —
Auf Schloss Hartenfels residierten die Kurfürsten der ernestinischen Linie der Wettiner. In Torgau wurden bei vielen Gelegenheiten die politischen Weichen für den Gang der Reformation in Kursachsen und im Reich gestellt.

EIN DENKMALENSEMBLE VON BESONDEREM RANG

— Über 500 bestens erhaltene Gebäude der Spätgotik, der Renaissance und des Barock, aber auch des Klassizismus und des Jugendstils ergeben ein einzigartiges historisches Stadtbild. Die tausendjährige Stadt ist Flächendenkmal seit 1979.

Torgau entdecken

—

VON JÜRGEN HERZOG UND KATHRIN NIESE

Das Bier – das Brot der Stadt

Das berühmte Torgauer Bier war das Brot der Stadt. Lobsprüche über seine Qualität gibt es viele, aber es bestimmte auch den Alltag des Rates, der Brauherren, der vielen Helfer, ja der ganzen brauenden Familie und vor allem den der Frauen. Torgau war im 16. Jahrhundert der größte Bierproduzent in Sachsen. Etwa zehntausend Fässer jährlich verließen die Stadt auf Wagen, Karren und Schiffen. Wer viel Bier brauen durfte, war wohlhabend. Die großen Häuser der Altstadt und ihre tiefen, bis in den Fels gehauenen Gär- und Lagerkeller zeugen noch heute davon. Wolf Gier-sing, der Steuereinnehmer des Amtes Lautern Petersberg, legte sein Geld in einem Torgauer Bürgerhaus an: einem Brauerbe, das jährlich etwa 30.000 Liter Bier brauen durfte. Das heutige Torgauer Braumuseum war gleichsam seine Alterssicherung, und es kündet seinen Besuchern mit seinen mittelalterlichen Kellergewölben und der Schankstube vom alten »Brot der Stadt«.

▶ www.museum-torgau.de

Das Haus hinter dem Bäckerwall – historisches Handwerkerhaus

Innerhalb der Stadtmauern und Stadtgräben, gut geschützt, so wollte man in der Stadt leben und arbeiten. Aber auch nicht zu nah am Wall, wo es schlecht roch, die Gassen nicht gepflastert waren und kein Röhrwasser floss. Krumm und schief von der Last der Generationen gebeugt, so steht das Haus hinter dem Bäckerwall, das heutige »Handwerkerhaus«, da. Handwerker haben es allerdings nur im 17. Jahrhundert bewohnt: Böttcher, die unzählige Fässer für das Torgauer Bier liefern mussten, und Feuermauerkehrer, die in den Kaminen auf- und abstiegen. Später kamen die Ärmsten: Nachtwächter, Bierbrauer, Dienstleute und Transportarbeiter mit oft vielen Kindern.

Erleben Sie die engen und einfachen Wohnverhältnisse in diesem winzigen Haus, in dem noch der kleinste Platz genutzt wurde, aber auch die überraschend originellen Wandmalereien, die einen tiefen Eindruck hinterlassen.

▶ www.museum-torgau.de

Fürstliche Pracht bei Paul Ringenhain

An der Decke schweben vierzig Engel in den Wolken, musizieren oder tragen die Leidenswerkzeuge Christi. Zahlreiches Getier, natürlich auch ein Auerochse, geschützt von waffentragenden Wächtern, ziert die Jagdstube. So prächtig lebte Bürgermeister Paul Ringenhain, der reichste Torgauer seiner Zeit. Sein stattliches Renaissancehaus ließ er 1596 erbauen und zeit seines Lebens immer reicher ausstatten, so dass sich fürstliche Pracht im bürgerlichen Milieu widerspiegelte. Die eingangs erwähnte Engelstube hatte ihr Vorbild in einer ebensolchen auf Schloss Hartenfels. Dort ist sie leider verloren. Dank des beeindruckenden Originalbestandes dieses Bürgerhauses bekommt der Besucher eindrucksvoll vermittelt, wie eine sehr begüterte Familie kulturvoll an der Wende zum 17. Jahrhundert gelebt hat.

▶ www.museum-torgau.de

Firma Carl Loebner – das älteste Spielwarengeschäft Deutschlands

Zu den Attraktionen der Stadt Torgau gehört das älteste Spielwarengeschäft Deutschlands, das sich seit über 300 Jahren im Besitz der Familie Loebner befindet. Bereits 1685 eröffnete der Torgauer Drechslermeister Christoph Loebner seine Werkstatt und fertigte vor allem Kreisel, Klappern und einfache Püppchen aus Holz oder Horn an. 1780 erwarb die Familie Loebner das Haus in der Bäckerstraße 2, nahe dem Rathaus, in dem sich noch heute das Spielzeuggeschäft befindet. Mittlerweile wird das traditionsreiche Familienunternehmen in der elften Generation geführt. Seit 2006 ist die umfangreiche Spielzeugsammlung der Familie Loebner im Stadt- und Kulturgeschichtlichen Museum Torgau zu besichtigen.

▶ www.spielwaren-carl-loebner.de

▶ **DR. JÜRGEN HERZOG**
   ist Historiker und Vorsitzender
   des Torgauer Geschichtsvereins.
....
▶ **KATHRIN NIESE**
   ist Museologin und arbeitet im Stadt-
   und Kulturgeschichtlichen Museum.

STADTFÜHRUNG

Verwinkelte Gassen, kleine Gärten, romantische Plätze – und über allem thront in sich ruhend die Stadtkirche St. Marien. Das tausendjährige Torgau, die nördlichste Stadt im Freistaat Sachsen, lockt Besucher zu Erkundungen. Folgen Sie den Spuren von Kurfürsten und Reformatoren …

Torgau im Spiegel der Reformation

Ein Rundgang auf Martin Luthers Spuren in der Torgauer Altstadt

—

VON HANS-JOACHIM KADATZ

Die beeindruckende Gesamtanlage des Schlosses Hartenfels bei Tagesanbruch

① Ausgangspunkt des Rundganges ist <u>Schloss Hartenfels</u>, der heutige Sitz des Landratsamtes Nordsachsen. Die mittelalterliche Burganlage, hervorgegangen aus einer frühen Grenzwarte der Mark Meißen, veränderte sich ab 1485 unter Anregungen des italienischen und französischen Palastbaues zum modernen Wohnschloss.

Der Reformator gehörte anlässlich fürstlicher Audienzen und seiner Predigten in der noch bis 1533 vorhandenen Martinskapelle zweifellos zu den Bewunderern der damals entstehenden prächtigen Frührenaissanceflügel, die durch den statisch genial ausgeführten Treppenturm des »Wendelsteins« beherrscht wurden, den der Baumeister Conrad Krebs 1533–36 schuf. Nach dessen Tod übernahm der Thü-ringer Nickel Gromann die Ausführung des anschließenden Traktes mit den kurfürstlichen Wohngemächern, an die der Landesherr die Saalkapelle unmittelbar anfügen ließ. In diesen Prototyp des ersten evangelischen Sakralbaues konnten 1543–44 Luthers konzeptionelle Überlegungen direkt einfließen. Die Bildhauer Simon Schröter d. Ä. aus Torgau und Stephan Hermsdorf aus Leipzig und Freiberg sowie der Wittenberger Meister Lucas Cranach d. Ä. bestimmten die reiche Ausstattung. Sogenannte Kleinmeister wie Peter Flötner vermittelten besonders dekorative Details.

Es lohnt sich, den 53 Meter hohen Hausmannsturm zu besteigen, um beeindruckende Blicke in den Innenhof und auf die Einordnung der Stadt in

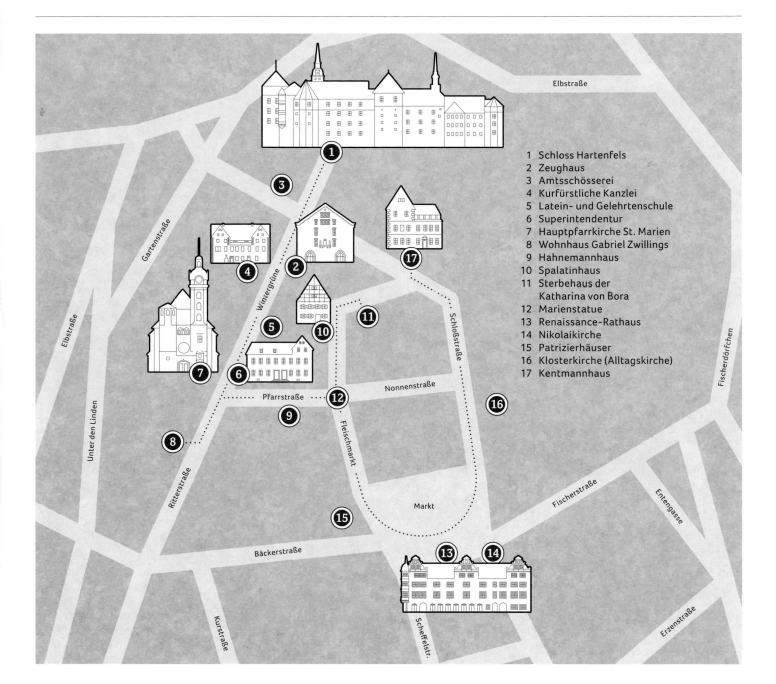

1 Schloss Hartenfels
2 Zeughaus
3 Amtsschösserei
4 Kurfürstliche Kanzlei
5 Latein- und Gelehrtenschule
6 Superintendentur
7 Hauptpfarrkirche St. Marien
8 Wohnhaus Gabriel Zwillings
9 Hahnemannhaus
10 Spalatinhaus
11 Sterbehaus der
   Katharina von Bora
12 Marienstatue
13 Renaissance-Rathaus
14 Nikolaikirche
15 Patrizierhäuser
16 Klosterkirche (Alltagskirche)
17 Kentmannhaus

das weite Landschaftsgefüge der Elbniederung zu erleben. Denn kaum ein anderer Standort erschließt mit Sicht auf den Flusslauf die besonderen Assoziationen mit den geschichtlichen Ereignissen des ehemaligen Meißner Landes.

② Das monumentale Zeughaus am Schlossvorplatz war 1479 ein spätgotisches Amtskornhaus. Es wandelte sich ab 1538 zum Kurfürstlichen Marstall und diente nach Veränderungen im 18./19. Jahrhundert als preußisches Arsenal. Seit 1999 beherbergt es eine moderne Ausbildungsstätte der Heimerer-Schulen.

③ Die »Wintergrüne«, eine etwas rätselhafte Wegbezeichnung der ehemaligen Burgfreiheit auf dem ältesten Territorium der Ansiedlung, wird auf der östlichen Straßenseite im Anschluss an den Bärengraben (▶ S. 19) durch die Gebäudeflügel der 1462 erwähnten Amtsschösserei und des Alten Gießhauses begrenzt. Ebenso wie Außenfassaden des Schlosses verloren sie in der preußischen Kasernenzeit ihr Gesicht. Der wichtige Durchgang zwischen beiden Bauten führt seit dem 13./14. Jahrhundert durch die älteste Stadtmauer über die »Schlosstorbrücke«, umgangssprachlich »Eselsbrücke« genannt, zu den ursprünglichen Anlegeplätzen und Schiffsmühlen am Elbufer.

In der Superintendentur bereiteten die Reformatoren um Martin Luther 1530 mit den »Torgauer Artikeln« das Augsburger Bekenntnis vor.

▲
Rückseite des Kanzleigebäudes Wintergrüne 5. Hier befand sich die ehemalige kurfürstliche Verwaltung, heute ist hier das Stadt- und Kulturgeschichtliche Museum untergebracht

④ Auf dem Gelände Wintergrüne 5, einem vormaligen Wirtschaftshof der Zisterzienserinnen von Nimbschen, ließ der Landesherr parallel zu den Schlossbauvorhaben ab 1523 als vergrößerten Verwaltungssitz der Residenz die Kurfürstliche Kanzlei errichten, die erstmals 1531 so genannt wird.

Ein Kanzler, elf Räte und zahlreiche Schreiber sorgten dort für die Ausfertigung wichtiger Dokumente und die Durchsetzung der kursächsischen Kanzleisprache, in der auch Luther seine Bibelübersetzung vornahm. Im 18. Jahrhundert etablierte sich hier eine der größten sächsischen Tuchmanu-

fakturen, in der sich u. a. 1711 Zar Peter I. und der Philosoph Leibniz begegneten. 2005 eröffnete dort das Torgauer Stadt-und Kulturgeschichtliche Museum seine Pforten.

⑤ Im Hofbereich Wintergrüne 6 befand sich schon vor 1371 die berühmte Torgauer Latein- und Gelehrtenschule, die später unter Kurfürst Moritz von Sachsen in das leerstehende Franziskanerkloster verlegt wurde. Hervorragende Humanisten wie die Magister und Rektoren Corbusanius, Peucer, Böhme und Marcus Crodel vermittelten dort altklassische Literatur und Sprachen. Kantoren wie Conrad Rupsch und Johann Walter schufen elementare Voraussetzungen für den evangelischen Chorgesang.

Die Festungszeit verdrängte 1883 die alte Bausubstanz bis auf ein Portal in der Einfahrt, das vermutlich auch der Reformator durchschritt, als dessen ältester Sohn Johannes, einer seiner Neffen und ein Sohn Melanchthons 1542–43 hier studierten.

⑥ Wenige Meter weiter treffen wir auf die legendäre Superintendentur Wintergrüne 2. Das mächtige Eckgiebelhaus fungierte seit 1525 als Amtsstelle der evangelischen Kirche und seit 1529 als Sitz des ersten von Luther empfohlenen Torgauer Superintendenten Gabriel Zwilling (genannt Didymus) und seiner Nachfolger. Hier schlug das hiesige Herz der Reformation, insbesondere im März 1530, als Luther mit Melanchthon, Jonas und Bugenhagen im Auftrage des Kurfürsten Johann die Endfassung der »Torgauer Artikel« als Grundlage des Augsburger Bekenntnisses erarbeitete.

⑦ Die Superintendentur liegt zu Füßen der imposanten Hauptpfarrkirche St. Marien (▶ S. 63). Dicht gedrängt an den Steilabfall der ältesten Stadtmauern, übernimmt sie auf einer der am höchsten gelegenen Altstadtflächen die weithin sichtbare Funktion der Stadtkrone. Von der schon 1119 bezeugten romanischen Basilika erhielt sich ein Teil der westlichen Turmfront. Zwischen 1450 und 1490 entstand infolge des Wachstums der Stadt das erheblich vergrößerte Schiff dieser frühen obersächsischen Hallenkirche, die um 1520 durch den Baumeister Hans von Torgau (auch Hans Meltwitz genannt) vollendet wurde.

Blick auf die Stadtkirche Sankt Marien, die älteste Kirche von Torgau. Die im 15. Jahrhundert errichtete gotische Hallenkirche besaß einen bereits 1119 erwähnten Vorgängerbau

Neben räumlicher Weite beeindruckt das Interieur durch das Grab der Kurfürstin Sophie von Mecklenburg, die kostbare Altartafel der »14 Nothelfer« von Lucas Cranach d. Ä. und den lebensnah gestalteten Grabstein der Katharina von Bora.

⑧ Vom Hauptportal der Kirche blickt man auf das im 17. Jahrhundert veränderte Gebäude Ritterstraße 13, wo sich ab 1540 das Wohnhaus Gabriel Zwillings (▶ S. 52) befand. Luther hatte den ehemaligen Augustinermönch und Freund nach Befürwortung durch Georg Spalatin zunächst als Prediger an der Nikolaikirche und Marienkirche empfohlen, bis ihm nach der Kirchenvisitation das Amt des Superintendenten übertragen wurde.

⑨ Der dazwischenliegende alte Freihof Pfarrstraße 3 gehörte um 1533 Georg von Minkwitz, der als kurfürstlicher Berater und Hofmeister ebenfalls in das Reformationsgeschehen eingebunden war.

Wertvolle Reste dekorativer Malereien in seinem gotischen Giebelhaus konnten 1991 entdeckt und konserviert werden. Die spätere Bezeichnung Hahnemannhaus erinnert an den Homöopathen Samuel Hahnemann, der 1805–11 das Grundstück besaß.

⑩ Ein kurzer Abstecher in die abzweigende Katharinenstraße, früher Luthergasse genannt, könnte zur Einkehr in das Gasthaus »Herr Käthe« verleiten. Wenige Schritte weiter trifft man auf das bescheidene, sich in denkmalpflegerischer Rekonstruktion befindliche Spalatinhaus (▶ S. 46), das Kurfürst Friedrich der Weise seinem Hofkaplan, Prinzenerzieher,

Diplomaten, Geheimschreiber und Wegbereiter der Reformation übereignete. 1527 hatte auch Luther dort vorübergehend Quartier gefunden.

⑪ Das unweit davon gelegene Gebäude Nr. 11 ist das Sterbehaus der Katharina von Bora (▶ S. 50), in dem sie im Sommer 1552 nach ihrem schweren Reiseunfall auf der Flucht vor der Wittenberger Pest bis zu ihrem Tod am 20. Dezember gleichen Jahres fürsorgliche Aufnahme fand. Die museale »Katharina-Luther-Stube« widmet sich seit 1996 ihrem Leben und Schicksal.

⑫ Nach kurzem Rückweg entdecken wir an der Ecke zum Fleischmarkt Nr. 5 an der Obergeschossfassade die Kopie einer lebensgroßen Marienstatue, umgangssprachlich meist als »Nonne« bezeichnet, denn sie symbolisiert die südliche Fortsetzung der Pfarrstraße als Nonnenstraße. Der »Nunnengang« war der alte Verbindungsweg zwischen dem Franziskanerkloster und der ehemaligen Niederlassung der Zisterzienserinnen außerhalb der Stadtmauer.

⑬ Seit 1514 ein Privileg Kaiser Maximilians I. die Handelsfunktionen in Torgau weiter stärkte, entfaltete sich vor der Altstadt die rasche Entwicklung der »Neustadt« der Kaufleute, Händler und Krämer. Zum Mittelpunkt entwickelte sich nunmehr der großflächige Marktplatz, der sich bis zur Gegenwart

Am Eckhaus Fleischmarkt 5 befindet sich die Kopie einer meist als »Nonne« bezeichneten Skulptur. Das Original, eine Maria der Verkündigung, kann in der Marienkirche besichtigt werden

◀ S. 18
Der Neptunbrunnen im Schlosshof mit dem »Schönen Erker«, hinter dem sich die kurfürstlichen Privatgemächer befinden

Attraktion Bärengraben

Am Torgauer Bärengraben vor dem Schloss Hartenfels kommt kein Besucher vorbei, ob jung oder alt. Seit dem 15. Jahrhundert ist die wechselvolle Geschichte der Bärenhaltung im Wildtiergehege des kurfürstlichen Schlosses belegt. Mitte der 50er Jahre des letzten Jahrhunderts haben engagierte Bürger im Rahmen des damaligen »Nationalen Aufbauwerks« mit 5.000 freiwilligen Arbeitsstunden das Gehege neu entstehen lassen, das seit 2013 nun schrittweise saniert wird.

▶ www.torgauer-baeren.de

bei vielgestaltigen gesellschaftlichen Veranstaltungen großer Beliebtheit erfreut.

Ende des 15. Jahrhunderts hatte man dort noch geackert, aber den Stadtfriedhof zunehmend durch Bebauungen verdrängt. An der Ecke zum Renaissancemarkt auf den Grundstücken Markt 5/6 erhob sich das 1373 erstmals genannte Alte Gotische Rathaus. Vor seinem Abriss war es Luthers häufige Begegnungsstätte mit den Stadträten. In der beliebten Trinkstube verköstigte er das von ihm hoch geschätzte »Torgisch Bier«. Seit 1563 entstand dann das marktbeherrschende Renaissance-Rathaus, ein Werk Torgauer und Dresdner Baukünstler als cha-

rakteristischer Typ obersächsischer Architektur mit neuen Grundriss- und Raumlösungen, bekrönt durch die stilprägenden Volutengiebel der gereihten Zwerchhäuser. Im Zusammenhang mit dem berühmten »Trinkstubenanbau« an der Leipziger Straße entstand 1577 der prächtige Erker am Markt. Seine dekorative Thematik huldigt dem Kurfürsten August I., der sich als besonderer Förderer des Rathausbaues gezeigt hatte.

⑭ Dominante dieses ehemals vorstädtischen Bereichs der Kaufmannssiedlung war die um 1220–50 erbaute spätromanische Pfeilerbasilika der Nikolaikirche, die zweitälteste, nachgeordnete Pfarr- und Predigtkirche. Vor allem hier sammelten sich die antipäpstlichen Kräfte der vorreformatorischen Zeit, verdeutlicht in den Jahren 1519–20 durch die erste Taufe in deutscher Sprache und eine erste evangelisch aufgefasste Predigt. Nach der Kirchenvisitation 1529 übernahm der Rat das profanierte Bauwerk als Tuch- und Gewandhaus. 1565 wurde die mittlerweile als Mehrzweckbau verwendete Marktkirche mit dem später zerstörten Chorende direkt in die Rückfassade des gerade fertiggestellten neuen Rathauses eingebunden. Weitere städtische Amtsfunktionen und bauliche Veränderungen hinter-

Das Renaissance-Rathaus von 1563. Ein Repräsentationsbau selbstbewusster Ratsherrschaft. Baumeister war der Dresdner Valten Wegern. Es ist auch heute noch Sitz der städtischen Verwaltung

◀ S. 20
Das Rathaus der Stadt mit dem 1579 entstandenen Erker. In den halbrunden Brüstungen wird der albertinischen Landesherrschaft unter Kurfürst August I. und seiner Gemahlin Anna von Dänemark gehuldigt

Torgaus einmalige Architektur zeugt vom entwickelten Bürgersinn seiner Bewohner.

ließen einen Torso des bedeutenden Denkmals im Rathaushof, der seiner kulturellen Wiedererweckung harrt.

⑮ In auffallender Sichtbeziehung konkurrieren mehrere stattliche Patrizierhäuser mit hohen Schaugiebelfassaden am Markt 3 und 4 (»Mohrenapotheke«) sowie in der Scheffel- und Bäckerstraße. Sie setzen bewusste Zeichen großbürgerlicher Souveränität gegenüber dem Ratssitz. Andere, später baulich überformte Gebäude haben diese Ausstrahlung zumeist verloren.

⑯ Der Weg führt nun über die Schlossstraße zur Klosterkirche der Franziskaner im Vorgelände des traditionsreichen Johann-Walter-Gymnasiums. Die turmlose spätgotische Halle entstand erst 1484–1515 unter Hans Meltwitz parallel zur Vollendung der Marienkirche. Sie ersetzte die ehemalige Kirche des Klosters von 1243. Nach dem »Torgauer Klostersturm« 1525 geschlossen, konnte sie 1529 als evangelische Alltagskirche neu geweiht werden. Über Jahrhunderte hinweg wurde sie danach freilich ganz unterschiedlich genutzt, bis sie schließlich 1997 als Aula des Johann-Walter-Gymnasiums eingeweiht wurde (▶ S. 28).

⑰ Am Ende der Schlossstraße und unseres Rundganges begegnen wir vor dem Zugang zum Rosengarten des Schlosses (▶ S. 58) dem Kentmannhaus mit der historischen »Bärenschenke«. Seit 1566 befasste sich hier der hochgebildete Torgauer Stadtarzt Dr. Johann Kentmann mit vielseitigen wissenschaftlichen Veröffentlichungen über Mineralien, Tier-, Pflanzen- und Architekturbestände des Meißner Landes. Sein stolzes Eckgiebelhaus mit Kräutergarten gehört zu den gut erhaltenen Beispielen oberdeutscher innerstädtischer Renaissancehofanlagen.

Eine große Periode des Stadtumbaus bestimmte seit Anfang des 19. Jahrhunderts die Entwicklung Torgaus zur Landesfestung und preußischen Garnisonsstadt, der erst an der Wende zum 20. Jahrhundert die moderneren Erweiterungen folgten. ●

▶ **PROF. DR. DR. HANS-JOACHIM KADATZ** ist Architektur- und Städtebauhistoriker und Autor zahlreicher Publikationen zur deutschen Architektur- und Kunstgeschichte.

Das nahe am Schloss gelegene Wohnhaus des Stadtarztes und Naturforschers Johann Kentmann (1518–1574) gehört zu den wohl schönsten Profanbauten der Stadt

◀
Renaissancehäuser des 16. Jahrhunderts an der Ostseite des Marktplatzes mit der Mohrenapotheke. Mit dem Bau des Rathauses ging eine repräsentative Bebauung des übrigen Platzes mit großbürgerlichen Handels- und Wohnhäusern einher

◀ S. 22
Die Klosterkirche der Franziskaner wurde nach der Reformation zur »Alltagskirche« für den täglichen Gottesdienst. Heute dient das Kirchenschiff als Aula des Johann-Walter-Gymnasiums

Die Geschichte der Festung Torgau

Das besondere Schicksal einer Stadt

VON UWE NIEDERSEN

Festung TORGAU mit der umliegenden Gegend

Die Festung Torgau um 1850. Zu sehen sind die Hauptfestung mit acht Bastionen und Ravelines, weiter der Brückenkopf sowie Fort Zinna, das Neue Werk, die Lünette Mahla, drei Schleusen- und Elblünetten

Torgau besaß zu der Zeit des Kurfüsten Friedrich des Weisen, um 1500, einen Stadtumzug. Reste der Zwingermauern aus Naturbruchsteinen mit Scharten, Rondellen, auch rechtwinkligen Mauervorsprüngen und nassen Gräben sind noch heute im Bereich Schloss, Kanzlei, Stadtkirche sichtbar. Aufgrund der zunehmenden wirtschaftlichen und politischen Bedeutung sowie der geostrategischen Lage der Stadt Torgau an der Mittleren Elbe war eine Stadtbefestigung, unterstützt durch eine Brückenschanze, notwendig geworden. Als Brückenschanze oder Brückenkopf wird eine Befestigung auf dem feindwärtigen Ufer vor einem zu verteidigenden Flussübergang bezeichnet.

Ein Edikt des Kurfürsten Johann des Beständigen aus dem Jahre 1531 wollte Torgau mit einer Befestigung versehen, »wie sie im ganzen Land nicht

nochmals zu finden sei«. Vorgesehen waren eine zur damaligen Zeit moderne Bastionärbefestigung sowie überwölbte Schutzräume für die Soldaten. Durch das plötzliche Ableben Kurfürst Johanns nach einem Jagdunfall (1532) kam dieses Vorhaben aber nicht zur Ausführung. Erst mit dem 1546 beginnenden Schmalkaldischen Krieg gab es durch seinen Sohn und Nachfolger Johann Friedrich eine weitere Verordnung zur Befestigung Torgaus. Nun freilich fehlte es am finanziellen Spielraum. Man orientierte sich deshalb auf Wittenberg, damals bereits eine ausgebaute kursächsische Festung. Und so versuchte Johann Friedrich am 24. April 1547, als sich die Schlacht gegen die Kaiserlichen bei Mühlberg zu seinem Nachteil neigte, folgerichtig die Festung Wittenberg zu erreichen, denn Torgau, obwohl in unmittelbarer Nähe des Schlachtfelds gelegen, war als Zufluchtsort viel zu schwach ausgebaut. Der albertinische Herzog Moritz, der auf der Seite des Kaisers Karl V. stand, schonte die Stadt. Natürlich hatte er nach der Gefangennahme und dem Machtverlust des Ernestiners Johann Friedrich kein Interesse, Torgau, das auch er als kurfürstliche Residenz nutzen wollte, von den kaiserlichen Truppen plündern zu lassen.

Während des Dreißigjährigen Krieges errichtete der sächsische Baumeister Johann Wilhelm Dilich die Festung Torgau. Seine Schanzenlinien zeigten in ihrer Bauweise die niederländische Manier an: flach gehaltene, erdgeschüttete Wälle, breite und zugleich tiefe Gräben. Rund 100 Jahre später wurden die Festungsstrukturen um und in Torgau erneut grundsätzlich in Bearbeitung genommen. Im Siebenjährigen Krieg (1756–1763) waren ein beständiger Elbübergang, überhaupt Transportwege zu Wasser und auf dem Land sowie Magazine und Lazarette für die preußischen Armeen unentbehrlich. Eine solche militär-strategische Situation benötigte einen modernen Festungsbau, für den der Preußenkönig Friedrich II. selbst sowie sein Festungsbaumeister Simon L. Lefèbvre verantwortlich zeichneten.

Blicken wir auf den Beginn des folgenden Jahrhunderts. Nach der zusammen mit Preußen verlorenen Schlacht bei Jena und Auerstedt (1806) verbündete sich Sachsen mit Napoleon. Der sächsische Kurfürst Friedrich August wurde König, aber Sachsen fehlte prinzipiell ein zentral gelegener Waffenplatz. So wurde Torgau Sächsische Elb- und Landesfestung. Die sächsischen Ingenieur-Offiziere planten um 1810, einen Gürtel von Schanzen und Außenwerken vor die eigentliche Hauptfestung zu legen. Zwischen diesem Außenring und der Umwallung der Hauptfestung eröffnete sich dann ein »verschanztes Lager«, in welchem tausende sächsische

Soldaten im Verbund mit der Kernfestung einen Versammlungs- und Zufluchtsort vorfinden würden, um offensiv oder defensiv handeln zu können.

Napoleon I. gab dem Bau der Sächsischen Elb- und Landesfestung Torgau freilich eine andere Funktion. Er benötigte für seinen Aufmarsch nach Russland an der Mittleren Elbe (1812) eine Kampagne-Festung.

Die neue Aufgabe der Festung Torgau bestand nun darin, die Mobilität der napoleonischen Truppen zu gewährleisten. Mit dem Bau der Kampagne-Festung ging eine Verkürzung des Wallumlaufs einher. Die Folge war die Evakuierung der Bewohner der westlichen Vorstadt, der Abriss ihrer Wohnhäuser und zugleich der dortigen Kirchen, Spitäler und des Waisenhauses sowie die Schließung des Gottesackers.

Napoleon I. im Krönungsornat, 1810, nach einem Gemälde von François Gérard

Der Bau der Schutz- und Befestigungsanlagen der Stadt gestaltete sich äußerst wechselvoll.

Gruss aus
Torgau

Brückenkopf

Die Kehlverteidigung des Brückenkopfes. Kehlgrabenwehr und Gewehrmauer mit Schießscharten sowie dem imposanten Gebäude der Defensionskaserne

Im Februar 1813, nach dem verlorenen Russlandfeldzug, wurde der sächsische General August Freiherr von Thielmann Kommandant der Festung Torgau. Er war ein den Befreiungskriegen und der »deutschen Sache« zugeneigter Mann. Aus dem französisch besetzten Wittenberg sandte die dortige Bürgerschaft einen Hilferuf. Dies geschah als »Offener Sendbrief der Stadt, Veste und Universität Wittenberg an den Königl.-Sächs. General Lieutenant von Thielmann zu Torgau« (Auszug):

> »Herr Nachbar da droben.
> Wir wollen ihn loben;
> ach eil er zur Hilfe der sächsischen Stadt!
> Brech' Er die Ketten,
> und eil' Er zu retten;
> Gedenk' Er an den seligen Luther und an Mich!«

Der Stadt Martin Luthers konnte freilich nicht unmittelbar geholfen werden. Erst Anfang 1814 wurde Wittenberg von der französischen Besatzung befreit.

In Torgau breitete sich 1813 unterdessen eine Typhus-Epidemie aus. Die eher kleine Festung war mit der Verlegung der französischen Lazarette hierher völlig überfordert. »Wie viele trauernde Witwen und hülflose Waisen mag Torgau wohl zählen?«, fragte Friedrich Joseph Grulich 1814. Heute weiß man die Antwort: Es starben in Torgau annähernd 30.000 Menschen, unter ihnen weit mehr als 1000 Bürger der Stadt.

Nach dem Wiener Kongress (1815) gingen schließlich zwei Drittel des kursächsischen Territoriums an Preußen über. Torgau wurde plötzlich Grenzfestung gegenüber Sachsen und in der weiteren Entwicklung eine preußische Garnisons- und Beamtenstadt. Die in anderen Städten fortschreitende industrielle Entwicklung war in Torgau aufgrund der festungsbaulichen Einengung gar nicht möglich. Deshalb ist die historische Altstadt heute noch in beeindruckender Weise erlebbar. Während der gesamten preußischen Festungszeit (1815–1889) wurde von Torgau aus übrigens kein einziger Kanonenschuss abgefeuert. Doch gab es auch damals schon Bedenkenträger, die die bloße Existenz der Festung kritisch sahen. Der Archidiakon der evangelischen Stadtgemeinde, Johann Christian August Bürger, redete den Torgauern ins (christliche) Gewissen, dass nicht in dem Koloss »Festung« (Veste) das Beständige und Ewigliche zu sehen sei. Der Geistliche zitierte Luther, indem er ausrief: »Ein [wirklich] veste Burg ist unser Gott!« Die Festung Torgau wurde 1889 geschleift und damit das Kapitel »Festung« in unserer Stadt beendet.

Geblieben sind Torgaus Festungsgeschichte und die heute noch zu besichtigenden Denkmale der Befestigung aus jener Zeit. Alle noch erhaltenen Festungselemente wie der Brückenkopf, die Elbe-Lünetten, Fort Zinna, Kriegspulvermagazine, Poternen, Hohltraversen, Flankenkasematten und vieles andere mehr sind in der Schrift des Autors »Führungen durch die Festung Torgau« (2011) übersichtlich und gut nachvollziehbar dargestellt. ●

▶ DR. UWE NIEDERSEN
ist Historiker mit zahlreichen Publikationen zur Wissenschaftstheorie und -geschichte sowie zur Geschichte Torgaus; Förderverein Europa Begegnungen e. V.

Fabian Vogt

Bibel für Neugierige

Das kleine Handbuch göttlicher Geschichten

224 Seiten | 13,5 x 19 cm | Paperback

€ 12,90 [D]

ISBN 978-3-374-03872-5

Warum musste Gott am Anfang erst mal das »Tohuwabohu« aufräumen? Gilt Noah eigentlich als Archetyp? Wollte Jona Walfreiheit? War Jesus Christ? Wieso macht der gute »Vater im Himmel« gleich zwei Testamente? Hätte nicht ein Evangelium gereicht? Und: Wie kann ein 2.000 Jahre altes Buch heute noch aktuell sein?

Fabian Vogt gibt Antworten: Fundiert, übersichtlich und dabei höchst unterhaltsam lässt er die großen Erzählungen der Bibel neu lebendig werden, erläutert die Zusammenhänge und zeigt, welche lebensstiftende Kraft in ihnen steckt. Das Buch ist ein Lesevergnügen für Heiden wie für Fromme aller Couleur.

4. Auflage!

Fabian Vogt

Luther für Neugierige

Das kleine Handbuch des evangelischen Glaubens

192 Seiten | 13,5 x 19 cm | 8 Abb. Paperback

€ 9,95 [D]

ISBN 978-3-374-02844-3

Fabian Vogt

Kirchengeschichte(n) für Neugierige

Das kleine Handbuch großer Ereignisse

168 Seiten | 13,5 x 19,0 cm Paperback

€ 9,95 [D]

ISBN 978-3-374-03154-2

Wie war das noch mal mit Luther und der Reformation? Was glauben evangelische Christen – und was nicht? Ist Katechismus etwas Ansteckendes? Sind Protestanten eine exotische Spezies? Und: Dürfen evangelische Männer katholische Frauen küssen?

Warum erlebte der christliche Glaube so einen kometenhaften Aufstieg? Wann entstand das Glaubensbekenntnis? Kann man Hugenotten essen? Und: Was hat das alles mit mir zu tun?

Das Johann-Walter-Gymnasium in Torgau

Vom Kloster zum Gymnasium – eine Bildungsstätte mit Tradition

—

VON HELMUT GRAUL

Eine der ältesten höheren Bildungsanstalten im Freistaat Sachsen liegt auf dem Weg vom Marktplatz zum Schloss Hartenfels. Hinter der Kirche des ehemaligen Franziskanerklosters befinden sich der Neu- und Erweiterungsbau sowie der sanierte Altbau des Johann-Walter-Gymnasiums. Das bauliche Gesamtensemble gilt architektonisch als ausgesprochen gelungen. Ein genaues Gründungsdatum kann man allerdings nicht nennen. Im Archiv der Stadt befindet sich zwar eine Stiftungsurkunde aus dem Jahr 1371, in der Schüler erwähnt werden, aber es ist sicher, dass es zu diesem Zeitpunkt schon länger eine Schule gegeben hat. Sie befand sich unmittelbar neben der Stadtkirche »Sankt Marien« in der Wintergrüne. Martin Luthers ältester Sohn war 1542 im Schülerverzeichnis der »Latein- und Gelehrtenschule« eingeschrieben, deren alte Bausubstanz im späten 19. Jahrhundert aber den Festungserweiterungen weichen musste.

In der von 1485 bis 1513 erbauten Kirche des Franziskanerklosters wurden ab 1529 evangelische Gottesdienste gefeiert, nachdem die Mönche Torgau verlassen hatten. In den folgenden Jahrhunderten wurde sie neben ihrer Funktion als »Alltagskirche« aber auch für andere Zwecke eingesetzt: in den verschiedenen Kriegen und während der Festungszeit Torgaus als Lazarett, Kaserne, Zeughaus und Garnisonskirche, nach 1933 als »Nationalsozialistische Feierstätte« und in der ehemaligen DDR unter dem Namen »Bernhard-Kellermann-Halle« als Theatersaal sowie zuletzt bis 1995 als Turnhalle. Im Innenraum wurde bei Voruntersuchungen für die Sanierung und den Umbau zur Aula an der Nordwand der Schriftzug »Martinus« freigelegt, nach Auffassung der Restauratoren ein direkter Hinweis auf Martin Luther.

Ähnlich wechselvoll ist die Geschichte der übrigen Klostergebäude. Als Mitte des 16. Jahrhunderts in Wittenberg die Pest wütete, wurde die Universität in den ehemaligen Klostergebäuden untergebracht. Philipp Melanchthon, der die im August 1531 erlassene vierte Schulordnung verfasst hatte, wohnte damals in einem der Nebengebäude.

Der zweifellos bedeutendste Lehrer der Schule war Johann Walter (▶ S. 48), der hier von 1529 bis 1548 lehrte. Der enge Freund und musikalische Berater Martin Luthers hatte 1524 in Witten-

Die »Brücke« – Schulleitung und Lehrerzimmer verbinden Neu- und Altbau

berg das »Geystliche gesangk Buchleyn« herausgegeben und leitete seit 1526 die kurfürstliche Kantorei in der kursächsischen Residenz Torgau. Hier in Torgau gründete er den ersten evangelischen Knabenchor, der bis in die 50er Jahre des vergangenen Jahrhunderts mit der Schule eng verbunden war und in Torgau selbst, aber auch auf internationalen Konzertreisen wirkte. Um 1550 wurde Johann Walter nach Dresden berufen. Dort leitete er die noch in Torgau gegründete kurfürstliche Hofkantorei – die heutige Dresdner Staatskapelle –, bevor er 1554 nach Torgau zurückkehrte, wo er bis zu seinem Tod 1570 lebte.

Die »Latein- und Gelehrtenschule« war nun seit 1557 in den ehemaligen Klostergebäuden zuhause. Ein Neubau in der Promenade war 1835 schließlich fertiggestellt. Die Klostergebäude wurden nun teilweise abgerissen und hatten, wie beschrieben, andere Zwecke zu erfüllen. Ostern 1923 zog das Gymnasium wieder in die Schlossstraße um, weil die Gebäude in der Promenade nicht mehr genügend Platz für die inzwischen nach dem Generalfeldmarschall August von Mackensen umbenannte Schule boten.

Schon am 8. Juni 1945 fand wieder Unterricht in der Torgauer Oberschule statt. Nach dem Bau der Mauer trug die Schule bis zur Wiedervereinigung den Namen Erweiterte Oberschule »Ernst Schneller«, seit den 80er Jahren mit je etwa 100 Schülern in den Jahrgangsstufen 11 und 12.

Im Sommer 1990 nahmen etwa 120 Schülerinnen und Schüler in den Jahrgangsstufen 9 und 10 und 1991 weitere 120 in der Jahrgangsstufe 7 den Unterricht am Gymnasium auf. Mit Blick auf die bevorstehende Einführung des achtjährigen Gymnasiums ab Sommer 1992 entschied der Kreistag des Landkreises Torgau, ein vierzügiges Gymnasium am Standort Schlossstraße zu betreiben und die im Eigentum der Stadt befindliche Kirche zu übernehmen. Er sorgte auch dafür, dass zügig mit der Planung und Realisierung des Bauvorhabens begon-

In der sanierten Klosterkirche, die heute als Aula des Gymnasiums dient, ist Raum für Konzerte, Ausstellungen, Tagungen und auch für Abiturprüfungen

Das Gymnasium hatte nicht nur bedeutende Lehrer, sondern auch Schüler, die später die Geschicke des Landes mitbestimmten, wie Egon Bahr, der Vordenker der Ostpolitik unter Willy Brandt, oder die Bundesbildungsministerin Johanna Wanka.

nen wurde. Grundsteinlegung war 1994, und bereits am 8.12.1995 wurde der Neu- und Erweiterungsbau übergeben. Genau zwei Jahre später, am 8.12.1997, war schließlich die neue Aula fertiggestellt. Mit der Einweihung des Neubaus erhielt die Schule den Namen »Johann-Walter-Gymnasium Torgau«.

Derzeit werden ca. 700 Schülerinnen und Schüler in acht Jahrgangsstufen von Klasse 5 an auf das Abitur vorbereitet. Zahlreiche Lehrer aus der über 600-jährigen Geschichte der Schule verdienten es, hier aufgeführt und gewürdigt zu werden. Zumindest erwähnt seien der Island-Forscher Prof. Dr. Paul Herrmann und der Maler Gustav Hagemann.

Neben der Pflege der musisch-künstlerischen Traditionen verfügt die Schule über alle Voraussetzungen zur Vermittlung einer modernen gymnasialen Bildung, fördert sprachliche, sportliche und naturwissenschaftliche Begabungen und erzieht junge Menschen zu verantwortungsbewusstem Handeln. ●

▶ **DR. HELMUT GRAUL**
war von 1990 bis 2010 Schulleiter des Torgauer Gymnasiums.

Torgau – die sächsische Stadt

Von Sachsen über Preußen nach Sachsen zurück.
Ein kurzer Gang durch mehr als eintausend Jahre Stadtgeschichte

—

VON HANSJOCHEN HANCKE

Der heute nur noch gut 20.000 Einwohner zählende Ort hat sein Tausendjähriges längst hinter sich. Eine Kaiserurkunde Ottos II. erwähnt Torgau im Jahr 973. Der bevorzugte Elbübergang garantierte eine rasche Entwicklung der späteren Burg- und Kaufmannssiedlung, die vor allem mit der Erlangung der Kurwürde durch die Wettiner 1423 zum Aufstieg der Stadt Torgau führt. Gegen Ende des 15. Jahrhunderts nahmen Schloss und Stadt im wettinischen Herrschaftssystem eine wichtige Stellung ein. Die Elblinie von Wittenberg über Torgau und Meißen nach Dresden war »das politisch-strategische Rückgrat der wettinischen Macht« (Karlheinz Blaschke). 1979 wurde die Stadt Flächendenkmal und hat den Ruf, die am besten erhaltene Renaissancestadt in Deutschland zu sein.

Das Elbtor des Schlosses Hartenfels führt zum Aufritt in den Flaschenturm

Bei der Leipziger Teilung zwischen den Brüdern Kurfürst Ernst und Herzog Albrecht im Jahre 1485 fiel Torgau an die ernestinische Linie des Kurfürsten. Die Blüte der Kunst unter Kurfürst Friedrich dem Weisen und große dynastische Festlichkeiten der Wettiner stärkten die wirtschaftliche Situation der Stadt. Mit dem Regierungsantritt von Kurfürst Johann dem Beständigen 1525 und unter seinem Sohn und Nachfolger Johann Friedrich dem Großmütigen wurde Torgau zur wichtigsten Residenz und zur »Hauptstadt« des Kurfürstentums Sachsen. Lucas Cranachs d. Ä. Ansichten von Torgau dokumentieren diese große Blütezeit der Stadt im zweiten Viertel des 16. Jahrhunderts.

Wittenberg war das geistige Zentrum, Torgau das politische Zentrum der Lutherischen Reformation. Genau dieser politische Aspekt ist es, der etwas gefühlsbetont seit dem 19. Jahrhundert mit dem schmückenden Beiwort von »Torgau als Amme der Reformation« umschrieben wird. Es sind die Residenzfunktion und das daraus resultierende politische Geschehen, welche die Solitärstellung von Torgau in der Reformationszeit ausmachen.

Die ernestinischen Kurfürsten haben Luther und der jungen Reformation Schutz gewährt. In diesem Freiraum konnte sich die neue Theologie entwickeln, auch ohne institutionelle Förderung in der Frühzeit. Die bereits von Friedrich dem Weisen seit 1522 geführte Devise V D M I AE [»verbum domini manet in aeternum«: Gottes Wort bleibt in Ewigkeit] wurde schließlich zur Devise der Reformation schlechthin. Der Aufbau einer Evangelischen Landeskirche in den scheinbar ruhigen Jahren ab 1526 wurde zum Modellfall. Die »Torgauer Artikel« als Grundlage des Augsburger Bekenntnisses und die Torgauer Wende in der entscheidenden Frage des Widerstandsrechts gegen den Kaiser 1530 markieren Ecksteine.

Die Sprache der Kursächsischen Kanzlei, die sich seit 1485 in Torgau befand, nahm zweifelsfrei Einfluss auf die Ausbildung der deutschen Einheitssprache, besaß sie doch eine mehr als normierende Orientierung bei Luthers Bibelübersetzung.

Das wohl früheste Denkmal der Reformation ist in der Dedikationstafel von 1545 in der Torgauer Schlosskapelle zu sehen.

»Torgau ist immer meine Wonne gewesen ...«

KURFÜRST JOHANN FRIEDRICH DER GROSSMÜTIGE

Überhaupt ist der Schlossflügel mit Schlosskapelle, Wohnräumen des Kurfürsten und Schönem Erker, dem architektonischen Glanzstück neben dem Großen Wendelstein, der für die Reformation wichtigste Teil des Torgauer Schlosses. Dieser Schlossbereich mit dem von Luther geweihten Kirchenbau, den Kurfürstlichen Gemächern und dem Flaschenturm ist die einzige wieder herstellbare Nutzungseinheit der Frührenaissancebauten des Schlosses. Hier kommt nur museale, also reformationsbezogene Präsentation als dauerhafte Nutzung in Frage. Im Jahre 2003 hat der »Initiativkreis Schloß Hartenfels« alle Fakten und die entsprechenden Ideen dazu in einem Arbeitspapier dargelegt. Die Einbeziehung des Schlosses in das Weltkulturerbe der UNESCO wird auf dieser Grundlage gegenwärtig erörtert.

In der Zeit von 1505 bis 1551 verdoppelte sich die Einwohnerzahl von etwa 3000 auf annähernd 6000. Insgesamt war dies für die Zeit ein ungeheurer Entwicklungssprung. Die Stadt war bedeutender und größer als Dresden und näherte sich eher der Einwohnerzahl von Leipzig. Die Ereignisse der Reformation fanden Widerhall in der Bürgerschaft und sorgten bereits 1523 für den Übergang zur neuen Lehre. Der Aufschwung ging weiter bis 1631. Der Eintritt Sachsens in den Dreißigjährigen Krieg auf schwedischer Seite und danach der Frontwechsel veränderten die Verhältnisse jedoch grundlegend. Die zum Feind gewordene schwedische Armee

Dedikationstafel, 1545, geschaffen von Oswalt Hilger aus Freiberg anlässlich der Errichtung der Schlosskapelle mit Bildnismedaillons von Luther, des Kurfürsten Johann Friedrich und seinen Söhnen

unter Feldmarschall Banér besetzte Torgau 1637 für etwa ein halbes Jahr. Danach war der Wohlstand der Stadt vernichtet und infolge ausbrechender Seuchen die Einwohnerschaft von über 6000 auf annähernd 2000 geschrumpft, darunter blieben unzählige Vollwaisen zurück.

Die Zeit der Gnade war also mit der Halbzeit des Dreißigjährigen Krieges zu Ende. Die zumindest teilweise ausgebaute Festung blieb immer wieder umkämpft, die Brücke über die Elbe wurde vernichtet, die weitere Umgebung auch durch Barbarei verödet; etwa die Hälfte der Torgauer Häuser war zerstört oder verlassen.

Von 1485 bis zum Ende des großen Religionskrieges 1648 war Torgau unter wechselnden Bedingungen ein Mittelpunkt sächsischer Landesgeschichte mit zeitweise weit über diese hinausragender Ausstrahlung. Danach aber galt: die Festung als Schicksal und dies mit Auswirkungen bis in die Gegenwart!

Die strategisch günstige Lage an einem der wichtigsten Elbübergänge in Sachsen bescherte der Stadt auch später in Zeiten kriegerischer Verwicklungen besondere Aufmerksamkeit. Vornehmlich der Siebenjährige Krieg (1756–1763) wirkte sich für die Stadt verhängnisvoll aus. Torgau war eben nicht nur ein wichtiger Elbübergang, »sondern die Schlüsselstellung für die Beherrschung der Elbstraße nach Böhmen und der sich über Meißen nach Freiberg erstreckenden Hochebene« (Rudolf

Panorama von Torgau mit den Festungsanlagen im Vordergrund zu Beginn des 20. Jahrhunderts

Infolge des Wiener Kongresses 1815 fiel Torgau an Preußen. 175 Jahre später votierten die Bürger des Kreises mit überwältigender Mehrheit für die Rückkehr in den sächsischen Staatsverband.

Ansicht der Steingutfabrik »Villeroy & Boch« aus der Werkszeitschrift »Keramos« von 1941

Mielsch). Der Besitz der Stadt wechselte im Verlauf des Krieges, vornehmlich ab 1759. Die kriegerische und politische Gesamtsituation zwang König Friedrich II. im Herbst 1760, die Entscheidungsschlacht zu suchen: Die Preußen obsiegten am 3. November 1760 in der modernsten, aber wohl auch opferreichsten Schlacht des 18. Jahrhunderts. Bei Kriegsende war die Stadt auch durch die lange Dauer der Einquartierungen wirtschaftlich ruiniert. Das in desolatem Zustand befindliche Schloss wurde Zucht- und Armenhaus. Bei der für Sachsen insgesamt zu konstatierenden Verarmung reichten die anschließenden vier Jahrzehnte des Friedens bis zum Beginn der Napoleonischen Kriege zur wirtschaftlichen Erholung nicht aus.

1806 wird Sachsen durch Napoleon in den Rheinbund gezwungen, aber auch mit dem Status eines Königreiches belohnt. Als Ausgleich für die Entfestigung von Dresden wird Torgau ausersehen. Am 29. November 1810 ergeht das Königliche

Dekret zur Errichtung der Sächsischen Elb- und Landesfestung in Torgau. Die Napoleonischen Kriege belasten die kriegswichtige Stadt auf die entsetzlichste Weise erneut sehr schwer. Durch Beschluss des Wiener Kongresses 1815 verliert Sachsen nahezu zwei Drittel seines Staatsgebietes an Preußen und erhält in etwa seine albertinische Ausdehnung: Torgau wird preußisch!

Die Sächsische Festung erfährt durch das Königreich Preußen einen überlegenen Ausbau zur Preußischen Elbfestung. (▶ S. 24) Aus der neuen Grenzfestung gegen Sachsen ist jedoch bis zur Entfestigung 1889 kein einziger Schuss abgegeben worden. Die enge Verbindung mit einer starken Garnison – zu Beginn des 20. Jahrhunderts standen drei Regimenter überwiegend in Torgau – brachte Wohlstand und söhnte mit Preußen aus. Die Garnison wurde zur Wirtschaftsgrundlage der Stadt, die insgesamt dienstleistungsorientiert war.

Das Kulturleben, auch die Musikpflege, konnte sich mit weit größeren Städten messen. Durchaus liebevoll gemeint war der Volksname »Klein-Potsdam«.

Die Beschränkung auf den Festungsgürtel hatte zwar fast das gesamte 19. Jahrhundert über die Altstadt erhalten, aber ebenso keine Industrialisierung zugelassen. Für den Anschluss an das entstehende Eisenbahnnetz 1872 mussten wegen der Führung der Bahnstrecke durch eine Festung erhebliche Bedenken ausgeräumt und aufwändige technische Lösungen gefunden werden. Vom großen Verkehrsnetz war die Stadt ausgeschlossen geblieben. Die mit der Entfestigung mögliche Öffnung der Stadt und Planung einer mehr eigenständigen Entwicklung mündete in den Stadtentwicklungsplan von 1895, der sowohl den Festungsgrundriss erhält als auch Wohngebiete und Industrieflächen gleichermaßen ausweist. Auf dieser Grundlage sind auch in den letzten Jahrzehnten kaum Missgriffe vorgekommen.

Nach dem Ende des Ersten Weltkrieges verstärkte sich das Bemühen um Ansiedlung von Industrie. 1926 kamen das Glaswerk und auch »Villeroy & Boch« – im Jahre 1939 bereits das modernste Steingutwerk in Europa mit 1200 Mitarbeitern. Hier griff nach dem Zweiten Weltkrieg Reparation im vollen Wortsinn mit Zwang zum Neuanfang. Die Restitution als Fayencerie aber erfolgte bereits Anfang Oktober 1990. Bei der weiteren industriellen Entwicklung ragte das Glaswerk heraus, das in den Nachkriegsjahrzehnten zum größten Hersteller von Flachglas in der DDR avancierte. Heute ist es dem bedeutenden französischen Konzern »St. Gobain« zugehörig.

Gegen Ende des Zweiten Weltkrieges findet Torgau die Aufmerksamkeit der Weltöffentlichkeit, woran jährlich der ELBE DAY® mit Volksfestcharakter erinnert. Die Nachricht vom Zusammentreffen amerikanischer und sowjetischer Soldaten am 25. April 1945 beflügelte selbst den Beginn der Arbeit des neuen Völkerbundes und führte zu dem nachgestellten Soldatenbild vom 26. April, das um die Welt ging.

Die Stadt, zunächst allein amerikanisch besetzt, erlebte am 3. Mai 1945 das nicht abgestimmte Übersetzen der Roten Armee über die Elbe, worauf sich die Amerikaner bis an den Schwarzen Graben zurückzogen, dort Kontrollstellen errichteten und eine Unternehmer-Villa als Kommandantur bezogen. So wurde Torgau vorübergehend gleichsam die erste geteilte Stadt in Deutschland, beinahe ein Vorzeichen der künftigen Teilung Europas.

Die Einrichtung der Sowjetischen Besatzungszone in Deutschland bewirkte auch in Torgau die Veränderung aller Grundlagen des wirtschaftlichen und gesellschaftlichen Lebens: Aufhebung des Landgerichts und fast aller tragenden Institutionen, Auflösung sämtlicher Vereine, Bodenreform und unterschiedlichste Maßnahmen gegen Unternehmen, Be-

sitz- und Bildungsbürger – fortwirkend bis in die frühen fünfziger Jahre. Darüber hinaus förderten »integrative« Maßnahmen in der Landwirtschaft einen Bevölkerungsschwund bis hin zu Anzeichen der Entvölkerung. Vor dem Aufbauhintergrund des Flachglaskombinats aber kamen schließlich Ende der sechziger Jahre tausende neue Einwohner in die Stadt.

In der Volksabstimmung 1990 entschied sich die Bevölkerung des Kreises Torgau für Sachsen und korrigierte damit nach 175 Jahren den Dynastenentscheid des Wiener Kongresses, durch den das Torgauer Land gewaltsam von Sachsen getrennt worden war.

Die Lage der Stadt Torgau unmittelbar an der Elbe, einem deutschen Schicksalsstrom, steht mit den ernestinischen Kurfürsten für das Zeitalter der Lutherischen Reformation, jedoch auch für die im Ausmaß unfassbare Vernichtung im Schwedenjahr 1637 und in der französischen Festung 1813. Die vom Schloss und den Bürgerbauten des 16./17. Jahrhunderts geprägte Stadtgestalt aber war bedeutend und damit robust genug, die Zeiten zu überstehen. ●

▶ **DR. HANSJOCHEN HANCKE**
ist Leitender Bibliotheksdirektor a. D.

Hintergrundbild: Hans Sigismund Ulrici, »Churfürstl. Sächs. Stadt v. Ambt Torgav ...«, um 1710/20. [Hauptstaatsarchiv Dresden, 12884 Karten und Risse, Schr. 14, F. 4 Nr. 8 (MF 4996)]

ELBE DAY®

Am 25. April 1945 kam es an der Elbe bei Torgau zwischen Soldaten der 58. Gardeschützendivision der Sowjetarmee und der 69. US-Infanteriedivision zu einer geschichtsträchtigen Begegnung. Ein erstes zufälliges Aufeinandertreffen amerikanischer und sowjetischer Patrouillen hatte kurz zuvor bei Strehla stattgefunden. Das Treffen der Alliierten bildete sichtbar den Zusammenschluss zwischen der Ost- und der Westfront und kündigte das nahe Ende des Zweiten Weltkrieges an. Auf der zerstörten Elbebrücke reichten sich Ltn. William Robertson und Ltn. Alexander Silwaschko die Hand zum Gruß. Um den Symbolwert der Begegnung weltweit zu verbreiten, wurde dieses Bild am nächsten Tag nochmals nachgestellt und an alle großen Nachrichtenagenturen gesandt. Der »Handschlag von Torgau« befindet sich heute weltweit in fast jedem Schul- und Geschichtsbuch. In Erinnerung an dieses historische Ereignis begeht die Stadt Torgau jedes Jahr Ende April einen ELBE DAY®.

▶ www.elbeday.de

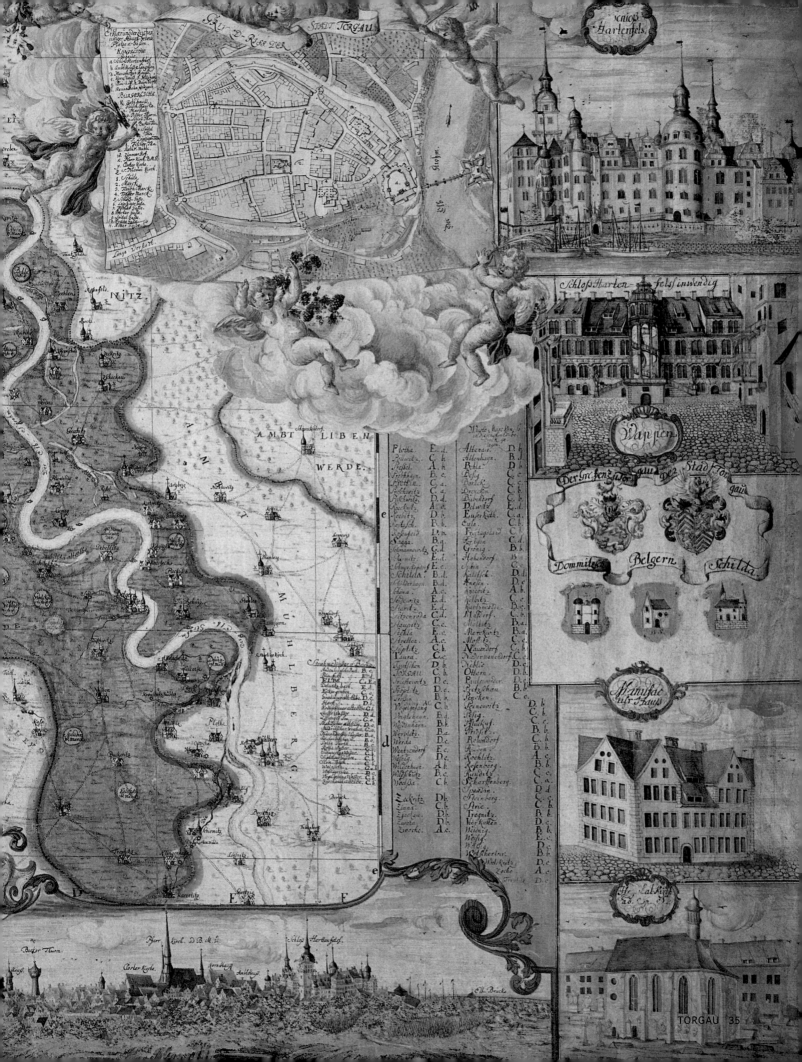

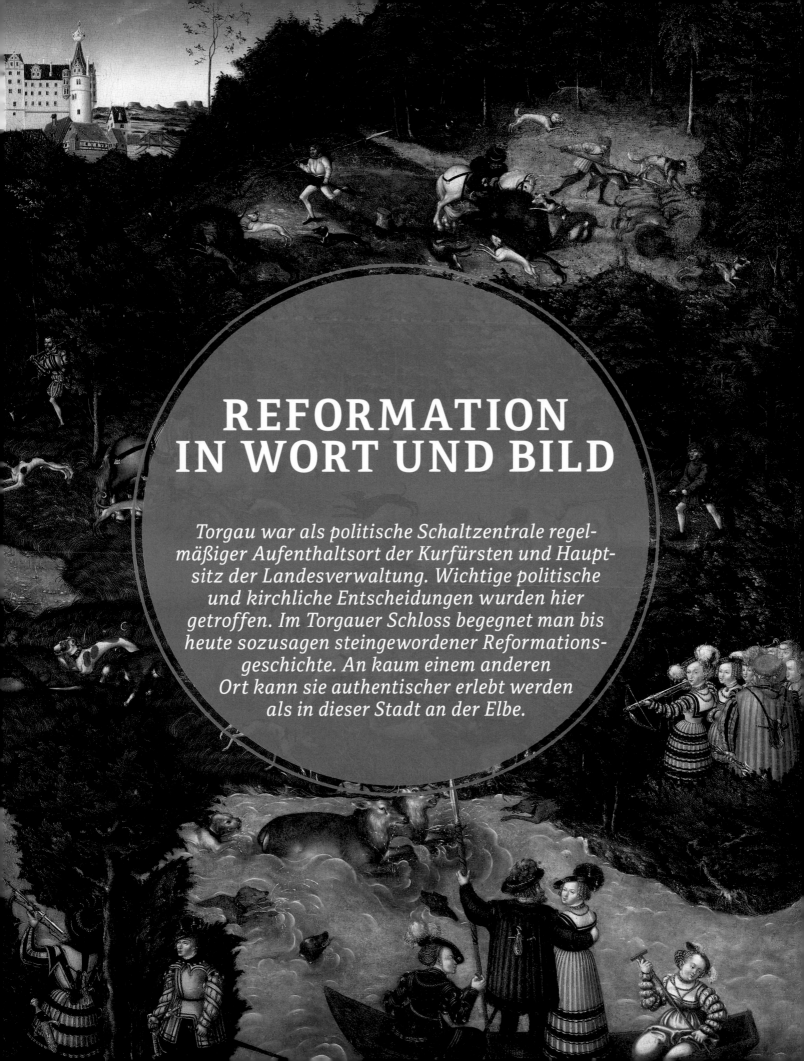

REFORMATION IN WORT UND BILD

*Torgau war als politische Schaltzentrale regel-
mäßiger Aufenthaltsort der Kurfürsten und Hauptsitz der Landesverwaltung. Wichtige politische
und kirchliche Entscheidungen wurden hier
getroffen. Im Torgauer Schloss begegnet man bis
heute sozusagen steingewordener Reformations-
geschichte. An kaum einem anderen
Ort kann sie authentischer erlebt werden
als in dieser Stadt an der Elbe.*

Torgau – kurfürstliche Residenz

Die Schaltzentrale reformationszeitlicher Politik

—

VON ARMIN KOHNLE

Die deutschen Territorien des 16. Jahrhunderts kannten noch keine Hauptstädte im heutigen Sinne. Doch die Zeiten der Reiseherrschaft des Mittelalters, als Könige und Fürsten ihre Länder aus dem Sattel regierten, waren um 1500 vorüber. Der bürokratische Staat der Neuzeit zeichnete sich ab. Damit war auch die Herausbildung festerer Herrschaftszentren verbunden. Seitdem 1485 die Lande der Wettiner in ein ernestinisches Kurfürstentum und ein albertinisches Herzogtum geteilt worden waren, dienten Dresden für den albertinischen, Torgau, Wittenberg, Lochau (heute Annaburg) und Weimar für den ernestinischen Landesteil als solche Hauptorte. Unter den ernestinischen Residenzen spielte Torgau wiederum die wichtigste Rolle, noch vor Wittenberg mit seiner 1502 gegründeten Universität, an der Martin Luther wirkte. Während sich die ernestinischen Fürsten im intellektuellen und sakralen (Allerheiligenstift) Zentrum Wittenberg nur sporadisch und kaum einmal für längere Zeit aufhielten, war Torgau als politische Schaltzentrale regelmäßiger Aufenthaltsort der Kurfürsten und ihres Hofstaates, außerdem Hauptsitz der Landesverwaltung.

Zwischen der Leipziger Teilung 1485 und der verheerenden Niederlage der Ernestiner im Schmalkaldischen Krieg 1547 wurden Stadt und Schloss für die Bedürfnisse des Hofes repräsentativ ausgebaut. In Torgau wurden die Kurfürsten Friedrich der Weise (1463, Kurfürst 1486–1525) und Johann Friedrich (1503, Kurfürst 1532–1547) geboren. Vor allem unter Johann (1468, Kurfürst 1525–1532) und Johann Friedrich errang Torgau eine hauptstadtähnliche Stellung im ernestinischen Kurfürstentum. Dementsprechend erlebte die Stadt in diesen Jahren ihre Blütezeit. Mit der Niederlage von 1547 und dem mit ihr verbundenen Aufstieg Dresdens zur Hauptresidenz des albertinischen Sachsen, zu dem nun auch Torgau gehörte, nahm diese Blüte jedoch ein jähes Ende.

Zu Lebzeiten Martin Luthers aber wurden in Torgau bei vielen Gelegenheiten die politischen Weichen für den Gang der Reformation in Kursachsen und im Reich gestellt. Entsprechend häufig hielt sich Luther in der Stadt auf: Nachgewiesen sind nicht weniger als 41 Besuche. Luther unterhielt vielfältige Beziehungen zu Torgauer Geistlichen und Lehrern. Der Prediger und Superintendent Gabriel Zwilling (▶ S. 52), der Latinist und Rektor Marcus Crodel und der Kantor Johann Walter (▶ S. 48) hatten einen festen Platz in seinem Netzwerk. Vor allem aber waren Luthers Torgauer Kontakte immer wieder mit der Religionspolitik der ernestinischen Kurfürsten verschränkt. Dies galt insbesondere, seit Kurfürst Johann seinem Bruder Friedrich 1525 im Amt nachgefolgt war. Im Unterschied zu Friedrich dem Weisen, der Luther zwar geschützt und mit der reformatorischen Lehre sympathisiert, aber die Reformation nicht offen gefördert hatte, war Johann ein bekennender evangelischer Fürst, der die Durchsetzung der Wittenberger Theologie im Innern und die Verteidigung der Reformation nach außen als seine Aufgabe verstand.

Moritz Herzog von Sachsen (1521–1553) wurde nach der siegreichen Schlacht von Mühlberg am 24. April 1547 von Kaiser Karl V. mit dem Kurfürstentum Sachsen belehnt. Er schuf später mit dem Passauer Vertrag die Voraussetzung für den Augsburger Religionsfrieden

In der ersten Hälfte des 16. Jahrhunderts war Torgau nicht nur das politische Zentrum der ernestinischen Kurfürsten, sondern auch der Ort, an dem das Augsburger Bekenntnis vorbereitet und das Bündnis zur Verteidigung der Reformation geschmiedet wurde.

Auf dem langen Weg zum Abschluss des Schmalkaldischen Bundes, in dem sich der größere Teil der evangelischen Reichsstände zur militärischen Verteidigung der Reformation zusammenfand, spielte Torgau immer wieder eine Rolle. Im Vorfeld des Speyerer Reichstages von 1526 verbündeten sich Kursachsen und Hessen in Gotha gegen einen möglichen Angriff. Die Bündnisurkunde wurde am 2. Mai 1526 in Torgau ausgefertigt, weshalb man diesen ersten Versuch der Errichtung eines evangelischen Militärbündnisses als Gotha-Torgauer Bündnis bezeichnet. Ein umfassender Zusammenschluss evangelischer Stände gelang damals zwar noch nicht, aber mit Kursachsen und Hessen traten die beiden Führungsmächte unter den evangelischen Reichsständen erstmals in den Vordergrund. Die Frage eines Militärbündnisses zur Verteidigung des Gotteswortes war nicht nur eine brisante politische, sondern auch eine theologische Angelegenheit. Martin Luther und die Wittenberger Reformatoren äußerten sich wiederholt zur Frage der Legitimität eines solchen Bündnisses.

Damit war die Frage des Widerstandsrechts gegen den Kaiser aufgeworfen. Luthers immer wieder geäußerte Auffassung, dass bewaffneter Widerstand gegen die von Gott gegebene Obrigkeit nichts anderes bedeute als Auflehnung gegen Gottes Ordnung, hemmte die Bemühungen um ein evangelisches Militärbündnis in den späten 1520er Jahren erheblich. Den Kaiser – damals der Habsburger Karl V. – betrachtete Luther in direktem Rückgriff auf die neutestamentlichen Verhältnisse als von Gott verordnete Obrigkeit, der nach der Weisung des Paulus im Römerbrief (13,1–7) jedermann Gehorsam schuldig war. Wie der Bürgermeister von Torgau dem Kurfürsten von Sachsen Gehorsam schulde, so sagte Luther einmal, schulde der Kurfürst von Sachsen dem Kaiser Gehorsam. Einem Militärbündnis zum Schutz des Evangeliums war damit der Boden entzogen.

Die Entwicklung kulminierte im Jahr 1530, als Kaiser Karl V. nach fast einem Jahrzehnt wieder einen Reichstag abhielt. Der kaiserlichen Einladung nach Augsburg war zu entnehmen, dass die evangelischen Stände die Gelegenheit erhalten sollten, dort über ihren Glauben Rechenschaft abzulegen. Die Wittenberger Reformatoren – neben Luther Philipp Melanchthon, Justus Jonas und Johannes Bugenhagen – kamen im März 1530 in der Alten Superintendentur zu Torgau zusammen, um über ein dem Kaiser vorzulegendes evangelisches Bekenntnis zu beraten. Die aus diesen Gesprächen hervorgegangenen Torgauer Artikel waren eine wichtige Basis des von Melanchthon während des Reichstages verfassten Augsburger Bekenntnisses. Das von Kurfürst Johann von Sachsen und Landgraf Philipp von Hessen zusammen mit anderen evangelischen Ständen und Städten dem Kaiser übergebene Augsburger Bekenntnis hat in den lutherischen Kirchen bis heute Bekenntnisrang.

Nachdem der Kaiser dieses Bekenntnis zurückgewiesen hatte und

Kurfürst Johann Friedrich I., der Großmütige (1503–1554), verlor die Kurfürstenwürde und große Landesteile nach der Wittenberger Kapitulation vom 19. Mai 1547 an seinen Vetter Herzog Moritz

Kurfürst Friedrich III., der Weise (1463–1525), Gemälde nach Lucas Cranach d. Ä. (Werkstatt)

Kurfürst Johann der Beständige (1468–1532), Gemälde nach Lucas Cranach d. Ä. (Werkstatt)

▶ S. 41
Das »Große Tor«, Hauptportal von Schloss Hartenfels seit 1623, mit dem kurfürstlichen Gesamtwappen aus der Zeit Johann Georgs I.

der Augsburger Reichstag im offenen Konflikt zu Ende gegangen war, stand der Abschluss eines Militärbündnisses erneut auf der Tagesordnung. Zunächst galt es, die theologischen Vorbehalte aus dem Weg zu räumen. Im Oktober 1530 fand das entscheidende Gespräch kursächsischer Juristen und Politiker mit Luther in Torgau statt. Der Reformator wurde darauf hingewiesen, dass das Verhältnis des Kaisers zum Kurfürsten von Sachsen keineswegs mit dem Verhältnis der römischen Imperatoren zu ihren Amtsträgern parallelisiert werden dürfe. Der Kurfürst von Sachsen sei Obrigkeit aus eigenem Recht, nicht einfach Untertan des Kaisers. Luther musste diese Belehrung akzeptieren und erklärte die Frage des Militärbündnisses jetzt zur weltlichen Angelegenheit, zu der er als Theologe künftig schweigen wolle. Diese »Torgauer Wende« ebnete den Weg zum Abschluss des Schmalkaldischen Bundes an der Jahreswende 1530/31.

Unter den zahlreichen Aufenthalten Luthers in Torgau waren die des Jahres 1530 zweifellos am folgenreichsten für den weiteren Gang der Reformation. Doch auch zu zeremoniellen Anlässen legte er die 50 Kilometer, die Torgau von Wittenberg trennten, immer wieder zurück. 1536 war er an der Vermählung Herzog Philipps I. von Pommern mit Maria von Sachsen, der ältesten Tochter des Kurfürsten Johann, beteiligt. Schloss Hartenfels bot für derartige gesellschaftliche Großereignisse schon damals eine prunkvolle Kulisse, die zu Luthers Lebzeiten aber im Stil der Renaissance weiter ausgestaltet wurde. 1544 wurde die als erster evangelischer Kirchenneubau errichtete Torgauer Schlosskapelle mit einer Predigt Luthers eingeweiht. Bis heute wird diese Predigt oft zitiert, weil Luther hier kurz und prägnant definierte, was einem evangelischen Gotteshaus geschehen sollte: »daß unser lieber Herr selbst mit uns rede durch sein hl. Wort und wir wiederum mit ihm reden durch Gebet und Lobgesang«. Seine zahlreichen Dienste wurden Luther vom Kurfürsten des Öfteren mit Lebensmittelspenden aus den Torgauer Vorräten – Bier, Wein oder Most, Fisch, Getreide oder Hühner – entlohnt.　●

▶ **PROF. DR. ARMIN KOHNLE**
ist Inhaber des Lehrstuhls für Spätmittelalter, Reformation und Territoriale Kirchengeschichte an der Theologischen Fakultät der Universität Leipzig.

Die Reformation in der Stadt Torgau

Der Torgauer Rat zwischen Kurfürst und Gemeinde –
»in dieser geschwinden [ge]ferlichen zeit vnd leufften«

—

VON JÜRGEN HERZOG

Der Klostersturm des Jahres 1525, Historiengemälde aus der ersten Hälfte des 19. Jahrhunderts

Es ist dies die Eigenart der Zeit am Anfang des 16. Jahrhunderts: Die aufkommende reformatorische Bewegung stand einer tiefempfundenen, noch spätmittelalterlichen Frömmigkeit gegenüber. Zugleich führten die Missstände in der altgläubigen Kirche zu schwer erträglichen Auswüchsen.

Im Kurfürstentum Sachsen herrschten während der langen Regierungszeit Friedrich des Weisen Frieden und relativer Wohlstand. Auch er selbst lebte in großer altkirchlicher Gläubigkeit, ließ aber schützend die Reformatoren um Martin Luther gewähren. Die Torgauer Pfarrkirche mit ihren 16 Altären hatte sich zur fürstlichen Hofkirche entwickelt.

Ein gedeckter Kirchgang führte vom Schloss zu den fürstlichen Emporen der Kirche. Im Jahr 1493 hatte Kurfürst Friedrich die Wallfahrtskirche »Zum Heiligen Kreuz« mit Heiligem Grab gestiftet. Die Kirche, die auch die Schöne genannt wurde, lag unmittelbar vor dem Spitaltor und hatte großen Zulauf.

Der Torgauer Rat und die Bürgerschaft standen in ihrer Frömmigkeit der fürstlichen in nichts nach. Die Bürgerkirche war die Nikolaikirche am Markt mit acht Altären. Neun hauptsächlich vom Handwerk getragene religiöse Bruderschaften hatten hier ihre Altäre. Es gab aber auch eine Bruderschaft des Rates, die 1497 in die Bruderschaft des Franziskanerordens aufgenommen worden war.

Unübersehbar häufte sich die Anzahl der privaten Messen, die zum Seelenheil Verstorbener und ihrer Stifter von zahlreichen, eigens dafür bestellten Priestern gehalten wurden. Die aufwändigste Trauerzeremonie, das Begängnis, war die für die 1503 verstorbene Herzogin Sophie. 24 Priester, der Kantor, der Schulmeister mit allen Schülern und fünf am Grab klagende Arme hatten sie öffentlich mit Gesang und Predigt zu gestalten.

Früh fiel die reformatorische Kritik in der Bürgerschaft auf fruchtbaren Boden. In der Nikolaikirche trat schon 1518 der Prediger Valentin Tham gegen den Ablass auf. Seit 1519 erfolgten Taufen in deutscher Sprache. Auch Martin Luther wird seine erste Predigt 1519 in Torgau in dieser Kirche gehalten haben. Als im April 1522 der Meißner Bischof den Prediger hier verhörte, um *gegen die Zerrüttung und Umstoßung der Ordnung der heiligen christlichen Kirche* vorzugehen, blieb das ohne fassbares Resultat.

Zunächst wirkte sich die von Martin Luther vertretene neue Lehre aus, dass Vergebung aller Schuld allein aus göttlicher Gnade und nicht für gute Werke, bezahlte Privatmessen, Ablässe oder Reliquienverehrung erfolge. Es traf zuerst die Leipziger Pauliner- und die Herzberger Augustinerbettelmönche, die hier ihre Häuser, die Termineien, hatten. Sie wurden 1521 und 1522 aus der Stadt gewiesen. Die Armenversorgung war dadurch gefährdet, es mussten neue Wege beschritten werden. Der Rat führte dafür einen »Gemeinen Kasten« ein, der zunächst für Spenden zur Verfügung stand. Er wird seit Januar 1522 erwähnt. Sechs Vorsteher wurden bestellt. Auch das Spitalwesen musste neu geregelt werden. So beschloss der Rat im folgenden April, die Katharinenkirche der Ratsbruderschaft zu verkaufen und mit dem Geld ein Siechenhaus zu bauen. 1523 wurde das Katharinenspital mit dem zum Heiligen Geist und dem Jacobsspital der Jacobsbruderschaft vereinigt.

Der Rat stand zwischen zwei Fronten: der die alten kirchlichen Verhältnisse schützenden des Kurfürsten und der reformatorische Veränderungen fordernden der Bürgergemeinde. Schon im Januar 1522 reagierte er auf die Radikalisierung in Wittenberg und ließ Büchsen und sonstige Bewaffnung für einen etwaigen Notfall in Ordnung bringen.

Im März wurde den Bürgern Strafe angedroht, wenn sie während der Fastenzeit Fleisch aßen, aber nur dann, wenn der Kurfürst die Bestrafung fordern würde. Diejenigen aber, die Bilder aus den Kirchen nehmen, verbrennen und Mutwillen treiben würden, sollten als Verbrecher bestraft werden. Die altgläubige Prozession »mit den figuren« wollte man für dieses Mal bestehen lassen.

Das Jahr 1523 sollte ein Jahr der Unruhe und des vollständigen Gesinnungswechsels in der Bürgerschaft werden. Zur Fastnacht zogen junge Ziegeldecker und Messerschmiede mit einem Kreuz durch die Gassen, sangen Schandlieder und warfen das Kreuz vor die Pfarre.

Martin Luther im Jahre 1528, Gemälde nach Lucas Cranach d. Ä. (Werkstatt)

Großes Aufsehen erregte der angesehene ehemalige Torgauer Amtsschösser Leonhard Köppe, als er am 5. April neun Nonnen des Klosters Nimbschen und am 22. Mai fünf Nonnen des Klosters Sitzenroda zur Flucht verhalf.

Von Martin Luther gefördert, wurde der ehemalige Augustiner Gabriel Zwilling als Prediger in Torgau angenommen. Am 17. Februar 1524 entschied der Rat, ihn dem altgläubigen Pfarrherrn Thomas Moller zur Seite zu stellen. Zwilling scheint mit im Pfarrhaus gewohnt zu haben.

Der Rat bekam jetzt große Schwierigkeiten, die Ordnung in der Stadt aufrechtzuerhalten. Er ermahnte die versammelte Bürgerschaft immer wie-

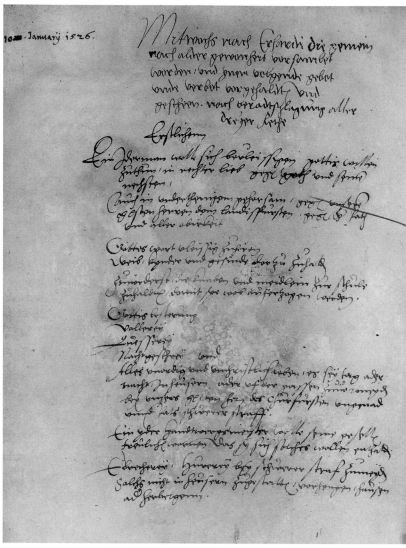

Aus den Ratsprotokollen vom 10. Januar 1526 (▶ S. 45),
Ermahnung der Bürgerschaft zum Gehorsam

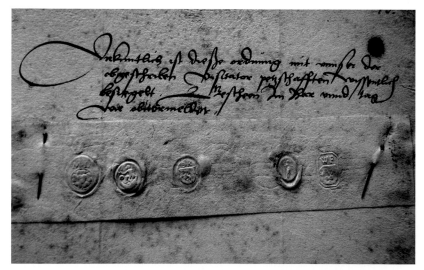

Siegel unter dem Visitationsprotokoll von 1529

der, Gotteslästerung und Nachtgeschrei einzustellen, die Abgaben für Kirche und Priesterschaft zu leisten und die Kirchen in Ehren zu halten. Allgemeiner Diebstahl, darunter von Vorhängen und Altartüchern aus den Kirchen, nahm überhand. Der Rat forderte jetzt auch, nichts gegen die Mönche und das Kloster zu unternehmen, wie vom Kurfürsten befohlen worden war.

Das Jahr 1525 brachte für Torgau offene Auseinandersetzungen zwischen dem Rat, den Anhängern der Reformation und dem Kurfürsten sowie der altgläubigen Geistlichkeit.

Zu den reformatorischen Vorgängen gehörte, dass sich die religiösen Bruderschaften aufzulösen begannen, keine Spenden mehr an die Klöster erfolgten und auch das öffentliche Frauenhaus, *weil es wider got ist*, geschlossen wurde.

Das ereignisreiche Jahr 1525 wurde zur Zerreißprobe zwischen Kurfürst Friedrich und dem Rat. Ausgerechnet unter Anführung des Hofschneiders Günter Braun und des Hofbüchsenmeisters Paul Resch stürmten vierundzwanzig Bürger und Bürgersöhne nach dem Fastnachtsbier in der Nacht vom 28. Februar zum 1. März das Franziskanerkloster, richteten erhebliche Schäden an und verbreiteten allgemeinen Schrecken. Der Kurfürst, der in Torgau gerade eine Gesandtschaft Erzherzog Ferdinands empfangen hatte, verdächtigte den Rat als Anstifter, drohte der Stadt mit dem Verlust ihrer Gerichtsbarkeit und forderte Schadenersatz. Den flüchtigen Klosterstürmern drohte die Todesstrafe. Sein Bruder, Herzog Johann, beurteilte die Tat milder, so dass nach dem Tod Friedrichs des Weisen am

5. Mai nur eine geringe oder keine Strafe verhängt wurde.

Die für den altgläubigen Pfarrer jetzt sehr unsicher gewordenen Verhältnisse nötigten ihn, im Beisein Gabriel Zwillings das Georgenhospital an den Rat zu übergeben, der die Kirche und alle Gebäude umgehend verkaufte. Der Pfarrer Thomas Moller starb am 1. Mai 1525.

Nach dem Tod Kurfürst Friedrichs fühlten sich die sechs verbliebenen Mönche im Franziskanerkloster nicht mehr sicher und übergaben schutzsuchend am 7. Mai ihre Kleinodien und ein Haus an den Rat, der alles zugunsten des Gemeinen Kastens verkaufte. In einer Bürgerversammlung am 17. Mai wurde Gabriel Zwilling auf Wunsch der Gemeinde zum Pfarrer bestellt.

Dem neuen Kurfürsten Johann, der die reformatorischen Veränderungen förderte, huldigten Bürger und Rat am 20. August 1525. Seit dem 30. August wurde in Torgau fast ununterbrochen Hoflager gehalten. Der Kurfürst beanspruchte die Klostergebäude, und die Klostergemeinschaft löste sich auf. Die reformatorische Bewegung hatte sich in der Stadt endgültig durchgesetzt.

Das Jahr 1526 stand im Zeichen allgemeiner Disziplinierung. Am 10. Januar gebot der Rat: *Ein Jederman wolle sich bevleissigen gottes willen zuthun, in rechter lieb geg(en) goth vnd seine nechsten, Auch in vnderthenigen gehorsam gegen vnsere g(nädig)sten herren dem landesfürsten, gegen d(en) Rath vnd aller obirkeit. [...] Alles vnordig vnd vnchristlich leben, es sey tag oder nacht in heusern oder vf der gassen zuuormeyd(en) bey vnsers g(nädig)sten hern des Churfürsten vngnad vnnd Rats schwerer straff.*

Erwähnt wird erstmals die Mädchenschule, deren Einführung sicherlich Gabriel Zwilling zu verdanken war. Neu war auch, dass die Ermahnung der Bürger mit einem Gebet geschlossen wurde: *Das gebe got zu seine lobe vnd vnser selen seligkeyt vnd zu gemeynem Fryd. Amenn.*

Als 1529 unter Teilnahme Martin Luthers die erste Kirchenvisitation in Torgau durchgeführt wurde, fanden die Reformatoren fast vollständig geregelte Verhältnisse vor. Die Pfarr-, Kloster- und Spitalkirche wurden als Predigtkirchen bestätigt. Die Nikolaikirche als eigentliche frühe Reformationskirche der Stadt wurde endgültig geschlossen. ●

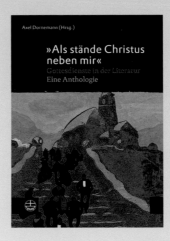

Das Spalatinhaus

Wo die Reformatoren aus- und eingingen

—

VON JÜRGEN HERZOG

I m Priesterhaus Georg Spalatins wird es lebhaft zugegangen sein, in einer der kleinsten Gassen der Stadt, der sogenannten Sackgasse. Noch heute steht es dort, nahe dem fürstlichen Schloss, das schmale, giebelständige Häuschen. Es gehört zu den ältesten Häusern Torgaus und war lange Zeit dem Zahn der Zeit ausgesetzt. Kurfürst Friedrich der Weise beschloss 1493, es über einem tiefen, noch älteren Keller bauen zu lassen. Bevor er, ein tiefgläubiger Christ, zum Ursprung des Christentums nach dem fernen Jerusalem zu einer Wallfahrt aufbrach, stiftete er einen neuen Altar, den zum »Neuen Kreuz« in der Torgauer Pfarrkirche und eine Wallfahrtskapelle »Zum Heiligen Kreuz« vor dem Spitaltor. Dort ließ er nach seiner Rückkehr auch ein »Heiliges Grab« nach Jerusalemer Vorbild bauen. Die Kapelle mit dem Beinamen »die Schöne« ist verschwunden. Geblieben aber ist das Wohnhaus des Priesters, einzigartig in seiner Vollständigkeit in Sachsen.

Entblößt von späteren Zutaten, kann man heute die Priesterstube, die Schlafkammer und die Schwärzungen in der Küche, dem Reich der Köchin, die ein jeder Priester haben musste, wiedererkennen. 1523 erhielt Georg Spalatin, der Geheimsekretär und Hofprediger des Kurfürsten, den Altar sowie das dazugehörige Haus und fünfzig Gulden jährliche Ausstattung zum Unterhalt als Le-

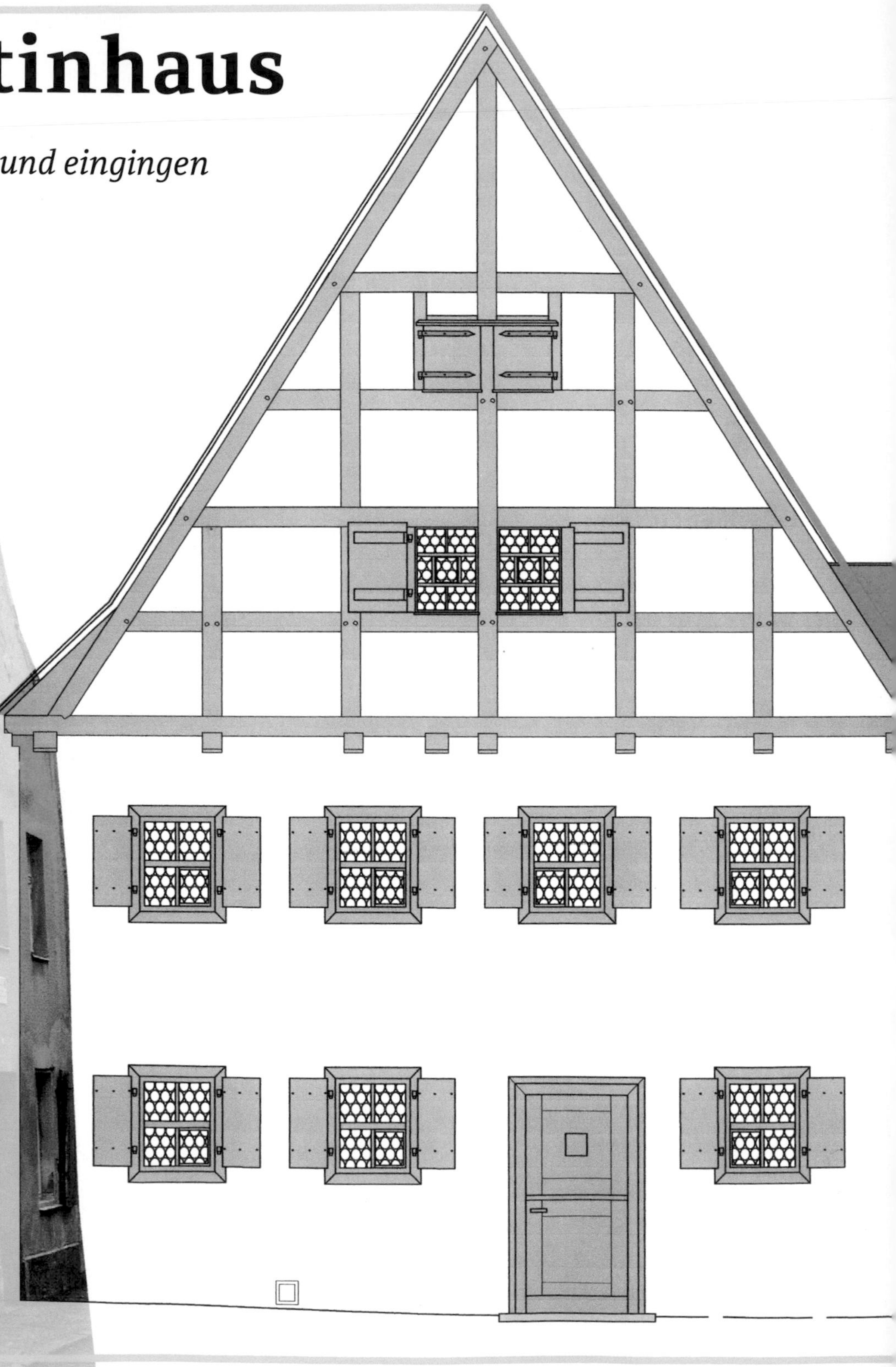

Fassadenrekonstruktion der Architektin Antje Hainz, Meißen

hen. Dem Altardienst mit täglichen Messen und den Fronleichnamsprozessionen zur Wallfahrtskapelle hatte Spalatin zu dieser Zeit schon längst abgeschworen.

Er mochte die überkommenen Zeremonien als überzeugter Anhänger Martin Luthers nicht mehr. Das wusste auch sein Gönner, der Kurfürst. Aber dessen Ziel,

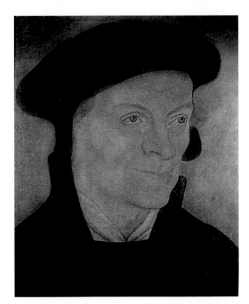

Georg Spalatin, eigtl. Burkhardt (1484–1545)

mit dieser »Pfründe« seinem intimen Berater einen Beitrag zum lebenslänglichen Unterhalt zu sichern, war erreicht. Georg Spalatin stand jetzt mehr als je zuvor im Dienst der reformatorischen Bewegung. Wäre sie ohne ihn, den Mittler zwischen Martin Luther und dem weisen Kurfürsten, überhaupt möglich geworden? Wohl kaum.

Das Haus blieb bis 1533 in Spalatins Besitz. Der nunmehrige Kurfürst Johann Friedrich der Großmütige, dessen Erzieher er von 1508 bis 1511 hier in Torgau war, erlaubte ihm, es zu verkaufen. Das Einkommen aber blieb ihm lebenslang. Eine besondere Gunst, denn alles andere Kirchengut fiel an den Gemeinen Kasten, aus dem die Armen, die Geistlichkeit und die Schule, aber auch die Kirche und weitere zugehörige Gebäude, darunter das Spital, erhalten werden mussten. Heute ist das kleine, von den Zeitläuften arg geschundene und von fast zwanzig Generationen nach Spalatin bewohnte Haus das einzige der Wohnhäuser des Gelehrten, das die Zeit überdauert hat. Engagierte Bürger im Förderverein für Denkmalpflege in Torgau haben sich der Aufgabe angenommen, es zu erhalten und weitgehend so wiederherzustellen, wie es die Priester und Spalatin einst bewohnt und erlebt haben. Es wird nach seiner Fertigstellung eine Ausstellung aufnehmen, die an Georg Spalatin erinnert. Ein weiterer Ausstellungsteil wird sich einem anderen bedeutenden Torgauer widmen, der fast sein ganzes Leben in der Stadt zugebracht hat, dem Komponisten Johann Walter (▶ S. 48). Von Martin Luther geschätzt, stellte er sein ganzes musikalisches Können in den Dienst der Reformation. Walter ist der Begründer der evangelischen Kirchenmusik und des bürgerlichen Kantoreiwesens. Die Schule, an der er lehrte, ist heute das Johann-Walter-Gymnasium (▶ S. 28). Die erste von ihm gegründete bürgerliche Kantorei überhaupt ist ebenfalls noch heute die Johann Walter Kantorei Torgau.

Der Bund und das Land, die Deutsche Stiftung Denkmalschutz, die Stadt Torgau und begeisterte Bürger sind angetreten, die Restaurierung des Spalatinhauses durchzuführen und die Gestaltung der Ausstellung Wirklichkeit werden zu lassen. ●

Ein Verein rettet Denkmale

Nach jahrzehntelangem Leerstand drohte es auf die Straße zu fallen oder abgerissen zu werden, das ärmliche Häuschen hinter dem ehemaligen Bäckerwall. Doch sechzehn mutige und von der noch erhaltenen Substanz begeisterte Torgauer und Dresdner fassten sich ein Herz, gründeten einen Rettungsverein, legten Geld zusammen und kauften das Haus im Jahr 2006, kurz bevor sein endgültiges Aus besiegelt worden wäre. Ein weiterer enthusiastischer Helfer, Dr. Heinz Murmann, verliebte sich bei einem Torgau-Besuch in das Häuschen und half mit seiner Stiftung, die nötigen Eigenmittel für die geplante denkmalgerechte Sanierung

aufzubringen. Im Jahr 2010 konnte schließlich das kleine Museum im »Handwerkerhaus« eröffnet werden und den Torgauer Museumspfad bereichern.

Inzwischen hat sich der Förderverein für Denkmalpflege mit viel Optimismus einem weiteren Vorhaben zugewandt: dem »Spalatinhaus« in der Katharinengasse. Die Förderung dieses Projektes durch Bund, Land und die Deutsche Stiftung Denkmalschutz ist zugesagt. Die Mitgliederzahl des Fördervereins ist auf nunmehr zwanzig angewachsen, doch weitere Mitstreiter und Förderer sind herzlich willkommen.

▶ www.museum-torgau.de

Der »Urkantor« Johann Walter

Torgau als Geburtsort des evangelischen Kantoreiwesens

—

VON CHRISTA MARIA RICHTER

Johann Walter: »Das Christlich Kinderlied D. Martini Lutheri, Erhalt vns HErr etc. [...]«. Sechs Stimmbücher. Wittenberg, 1566, erste Notenseite des Tenorstimmbuchs. Das hier abgebildete, einleitende fünfstrophige »Erhalt uns, Herr, bei deinem Wort«, dessen Text von Luther stammt, vertonte Walter in seinem »opus ultimum« (letztes gedrucktes Werk) als Liedmotette mit gleichberechtigten Stimmen und unterschiedlich klingenden Strophen

Zu den Persönlichkeiten, die das städtische Leben in Torgau zur Reformationszeit wesentlich mitbestimmt haben, gehört der »Urkantor« Johann Walter (1496–1570). Er hatte maßgeblichen Anteil an der Reformierung der »deutschen Messe«, die er zusammen mit Martin Luther 1525 in die Wege leitete, und steuerte auch diverse Kirchenlieder bei. Einige von ihnen singen wir noch heute in den evangelischen Gottesdiensten, z. B. *Wach auf, wach auf, du deutsches Land* (1561) oder Luthers *Mitten wir im Leben sind* (1524), dessen Melodie von Walter stammt, ferner die Melodien von *Der Herr ist mein getreuer Hirt* und *Herr, für dein Wort sei hoch gepreist* (1524) sowie *All' Morgen ist ganz frisch und neu* (1541), die zu Walters Zeit noch auf andere Liedtexte gesungen wurden. Hinzu kommen umgekehrt Liedtexte, die von Walter stammen und heute nach anderen Melodien gesungen werden, z. B. *Herzlich tut mich erfreuen* (1552) und *Allein auf Gottes Wort* (1566). Bereits in seinem mehrmals aufgelegten Hauptwerk, dem *Geistlichen Gesangbüchlein* (1524 ff.), das noch vor Einführung der Reformation in Kursachsen (1525) erschien, publizierte Walter eigene Sätze, um ein Jahr später mit Luther auch die Deutsche Messe zu erarbeiten.

Ungeachtet seines musikalischen Schaffens gilt der »Urkantor« vor allem als Begründer des evangelischen Kantoreiwesens. Um 1526 scharte er sangesfreudige erwachsene Torgauer Bürger um sich, mit denen er – zusammen mit den Chorschülern – die neue lateinisch-deutsche Kirchenmusik einstudierte und in der Marienkirche aufführte. Damit war eine neue Form bürgerlich-evangelischen Musizierens geschaffen, die schnell auf andere Gemeinden übergriff und noch heute in den Kantoreien der Kirchgemeinden weiterlebt.

Doch Walters großes musikalisches Engagement beschränkte sich bei Weitem nicht auf die Frühzeit der Reformation, denn dem gottesdienstlichen Singen war sein gesamtes Leben gewidmet. Werfen wir also einen Blick auf seine Biographie.

Johann Walter wurde 1496 als Sohn seines gleichnamigen Vaters im ernestinischen Kahla geboren. Da sein Vater die Blanckenmühle bewirtschaftete, wurde die Familie auch Blanckenmüller genannt. Aufgrund einer Sehschwäche wurde der Sohn von einem Kahlaer Verwandten, ebenfalls namens Walter, aufgenommen und großgezogen. Nach seinem Schulbesuch in Kahla und Rochlitz sowie nach seinem begonnenen Universitätsstudium in Leipzig kam er um 1524/25 als Sänger und Komponist in die kursächsische Hofkapelle nach Torgau. Leider verstarb der auf eine reichhaltige Hofmusik bedachte Kurfürst Friedrich der Weise bereits 1525. Sein Bruder Johann der Beständige legte keinen Wert auf Figuralmusik und löste 1526 die Hofkantorei auf. Um sich weiterhin musikalisch betätigen zu können, gründete Walter die Stadtkantorei. Allerdings erhielt sie vom neuen Kurfürsten Johann Friedrich dem Großmütigen erst zehn Jahre später eine jährliche Stiftung sowie über den Gemeinen Kasten der Stadt weitere Gelder, mit denen Notenbücher angeschafft wurden. Hinzu kamen für Walter außer der Einrichtung eines besonderen Schulkantorats, das die Unterweisung der Schüler in Musik vorsah (1530), mehrere kurfürstliche Zuwendungen, mit denen er sein knappes Schulgehalt aufstocken und 1532 sogar ein Häuschen erwerben konnte.

Walters größter Wunsch jedoch – seine Beteiligung an den Hofgottesdiensten – blieb ihm noch lange verwehrt. Erstmals anlässlich einer großen Fürstenhochzeit 1542 durfte die Stadtkantorei mitwirken, und erst nach der Weihe der evangelischen Schlosskapelle 1544 nahmen die über Gehälter und Schulzulagen vergüteten Dienste am Hof regelmäßigen Charakter an.

Leider hielt auch dieser für Walter ideale Zustand nicht lange an, denn infolge des Schmalkaldischen Krieges gelangte Torgau in albertinischen Besitz. Kurfürst Moritz ernannte Wal-

Durch Johann Walter wurde Torgau zur Wiege der evangelischen Kirchenmusik.

ter zwar zum Kapellmeister seiner 1548 neu gegründeten Hofkantorei, doch diesen hohen Posten führte Walter aufgrund von Konflikten, die durch das Leipziger Interim sowie durch das Engagement ausländischer Musiker hervorgerufen wurden, nicht lange aus. Nachdem die Kantorei wegen umfangreicher Baumaßnahmen am Dresdner Schloss erst 1550/52 nach Dresden umgezogen war, ließ sich Walter bereits 1554 pensionieren und ging als mittlerweile wohlhabender Mann nach Torgau zurück. Immerhin konnte er noch die Weihe der seit 1554 genutzten neuen Dresdner Schlosskapelle mitgestalten.

Walters letzte Lebensjahre waren geprägt von Kompositionen und Dichtungen, die er seinen ehemaligen Landesherren widmete. So, wie er als Komponist seine Karriere am ernestinischen Hof begann, so beschloss er als Komponist in großer Dankbarkeit den ernestinischen Fürsten gegenüber sein Dasein. Er konnte auf ein musikalisch reichhaltiges Leben von 74 Jahren zurückblicken, von dem er etwa 45 Jahre in Torgau verbracht hatte. ●

▶ **CHRISTA MARIA RICHTER**
ist als freiberufliche Musikhistorikerin tätig.
www.quellenlese.de.

Neuanfang und Lebensende

Was Katharina von Bora, die spätere Frau Luthers, mit Torgau verband

—

VON HANS-CHRISTOPH SENS

Katharina von Bora erwachte am Ostermorgen des Jahres 1523 aus einem tiefen Schlaf. Sie hörte Glocken. Ein volles, wohlklingendes Geläut hatte sie geweckt. Sie richtete sich auf. Wo war sie? Ach ja, in Torgau. Plötzlich war ihr wieder alles gegenwärtig: die Flucht aus dem Kloster in Nimbschen in der Nacht zum Karsamstag, die lange Fahrt versteckt auf einem Planwagen des Torgauer Kaufmanns Leonhard Köppe, die Ankunft in der Stadt am späten Abend. Sie hatte gerade noch erkennen können, dass auf der anderen Seite der Straße eine Kirche stand. Von dieser Kirche klang das mächtige Geläut herüber. Es war hohe Zeit, zur Frühmesse zu eilen. Die Männer, die sie nach Torgau gebracht hatten, hatten erzählt, dass in dieser Kirche schon seit einigen Jahren lutherisch gepredigt werde! Die Nonnen waren gespannt, das zu hören. Das Osterfest sollten sie in Torgau verbringen, danach sollte es weitergehen nach Wittenberg zum Professor Luther. Der hatte die Flucht aus dem Kloster angeregt, der würde ihnen auch weiterhelfen.

So oder ähnlich könnte es gewesen sein, als Katharina von Bora im Alter von 24 Jahren mit acht weiteren Nonnen zu Ostern 1523 nach Torgau kam und damit in das weltliche Leben eintrat. Die Glocken, die jetzt wieder täglich von den Türmen der Nikolaikirche erklingen,

Katharina von Bora, gen. die Lutherin (1499–1552), im Jahre 1526, Gemälde nach Lucas Cranach d. Ä.

hingen damals schon an ihrem Ort. Die Nikolaikirche stand noch freier, in einem kleinen Friedhof nahe der Leipziger Straße westlich des Marktes. Das heutige Rathaus gab es noch nicht. Der Torgauer Bürger Leonhard Köppe wohnte in der Leipziger Straße nur wenige Schritte entfernt. Die Nikolaikirche war eine Filialkirche der Stadtkirche St. Marien, deren Pfarrer sich der lutherischen Lehre noch nicht geöffnet hatte. An der Nikolaikirche aber war der Priester Valentin Tham tätig. Der hatte der Überlieferung nach schon 1519 die erste Taufe in deut-

scher Sprache gehalten und seit 1520 in deutscher Sprache lutherisch gepredigt. Schon 1518 soll er sich gegen den Ablasshandel gewandt haben. Luthers Schrift »Ein Sermon von Ablass und Gnade«, wohl im März 1518 erschienen und bald in vielen Ausgaben gedruckt, war bei ihm offenbar auf fruchtbaren Boden gefallen.

Als Generalvikar des Augustinereremitenordens war Martin Luther schon 1516 dienstlich in Torgau gewesen. Zum ersten Mal predigte er schließlich 1519 in Torgau, wie eine entsprechende Rechnung des Rates ausweist. Als Luther im Jahre 1522 auf der Durchreise nach Herzberg wieder nach Torgau kam, wurde er für seine Standhaftigkeit vor Kaiser und Reich gefeiert. Wieder ausweislich der Ratsrechnung wurden für ihn und seine Begleiter mit sechs Pferden 38 Groschen zur Verpflegung ausgegeben, und der Rat ließ ihm für ein Schock und neun Groschen ein Fass Bier nach Wittenberg bringen. Bei diesen frühen Aufenthalten hat Martin Luther offenbar auch den Kaufmann Leonhard Köppe kennengelernt, der in Torgau schon Ratsherr gewesen und als Amtsschösser tätig war. Es ist wohl ein freundschaftliches Verhältnis zwischen den beiden entstanden, obwohl Köppe fast 20 Jahre älter war als Luther. Der ehemalige Ratsherr hatte geschäftliche Beziehungen zum Kloster Nimbschen und muss schon früh ein Anhänger Luthers geworden sein. Luther

Epitaph der Katharina Luther, gest. 20.12.1552, in der Stadtkirche St. Marien

vertraute 1523 diesem Mann die heikle Mission an, die Nonnen aus dem Kloster Nimbschen zu holen, die nicht länger dort bleiben wollten. Am Donnerstag nach Ostern, dem 9. April 1523, schrieb Luther von Wittenberg aus einen offenen Brief *Dem fursichtigen und weyßen Leonhard Koppen, Burger zu Torgaw, meynem besondern freunde ...*, durch den er die Befreiung der Nonnen aus dem Nimbschener Zisterzienserinnenkloster öffentlich machte und rechtfertigte.

Die Flucht oder Befreiung der Nonnen aus dem Nimbschener Kloster war eine Konsequenz aus der Erkenntnis Luthers, dass erzwungene Klostergelübde nichtig und gegen Gottes Willen seien. Luther pries die Flucht als eine Befreiung zu neuem Leben gleich der Auferstehung Christi aus der Gewalt des Todes.

Torgau war für Katharina von Bora die erste Station auf dem Weg in dieses neue Leben. Der Aufenthalt dürfte allerdings höchstens zwei Tage gedauert haben. Gleich nach dem Osterfest ging die Reise weiter nach Wittenberg, wo die Nonnen mit ihren Befreiern am Osterdienstag eintrafen.

Ob Katharina jemals zu Lebzeiten ihres Mannes wieder in Torgau gewesen ist, wissen wir nicht. Denkbar wäre es, denn Luther hatte häufig in Torgau zu tun. Sichere Überlieferungen gibt es aber nur über Katharinas Reise nach Torgau im September des Jahres 1552, sechseinhalb Jahre nach dem Tode ihres Mannes, und es war eine Reise ohne Rückkehr. Katharina war mit ihren Kindern der Wittenberger Universität gefolgt, die wegen einer Pestepidemie nach Torgau in die Gebäude des ehemaligen Franziskanerklosters umgesiedelt war. Sie fand Aufnahme bei einer anderen Witwe im »Haus auf dem Scharfenberge« in der heutigen Katharinengasse. Vor den Toren der Stadt stürzte sie vom Wagen und verletzte sich dabei offenbar so

schwer, dass sie sich nicht mehr erholte. Am 20. Dezember 1552 starb Katharina Luther, geb. von Bora, in Torgau. Bereits einen Tag später wurde sie in der Stadtkirche St. Marien bestattet. Die gesamte Universität folgte im geschlossenen Zuge dem Sarg. In einem von Philipp Melanchthon verfassten Text zur Bestattung Katharinas hieß es: *In der ganzen Zeit ihrer Krankheit hat sie sich mit dem Worte Gottes getröstet und aufgerichtet und sich mit den heißesten Gebeten einen friedvollen Ausgang aus diesem kummervollen Leben gewünscht, oft auch die Kirche und ihre Kinder Gott befohlen und gefleht, daß die reine Lehre, die der Herr durch ihres Mannes Stimme diesem letzten Zeitalter wiedergegeben habe, unverfälscht auf die Nachkommen vererbt werden möge.*

Ihre Kinder ließen ihr den Grabstein setzen, der noch heute in der Stadtkirche St. Marien zu sehen ist. Er trägt die Umschrift: *ANNO 1552, den 20. DECEMBR. Ist in Gott Selig entschlaffen alhier zu Torgau Herrn D. Martini Luthers seligen Hinderlassene wittbe Katharina.* An welcher Stelle in der Stadtkirche sie begraben wurde, ist nicht mehr bekannt. ●

▶ **HANS-CHRISTOPH SENS**
ist Oberkonsistorialrat i. R. der Evangelischen Kirche der früheren Kirchenprovinz Sachsen.

Katharina-Luther-Stube

Torgau war 1523 die erste Station für die junge Katharina von Bora nach ihrer Flucht aus dem Kloster Nimbschen auf dem Weg in ein bürgerliches Leben und zugleich die letzte Station ihres Lebensweges als Witwe Martin Luthers. Sie starb in diesem Haus 1552 nach einem Unfall vor den Toren Torgaus. An der Seite Martin Luthers entwickelte sich Katharina zu einer selbstbewussten Frau, die eng mit dem reformatorischen Wirken ihres Mannes verbunden war. In Torgau, dem politischen Zentrum der Reformation, kreuzten sich immer wieder die Lebenswege der Familie Luther mit denen bedeutender Torgauer Bürger. Die Ausstellung widmet sich anhand zeitgenössischer Grafiken, Schriften, Gegenständen der Alltagskultur sowie künstlerischen Zeugnissen zu Luthers »Herrn Käthe« einer außergewöhnlichen Frau.

▶ www.museum-torgau.de

Gabriel Zwilling – Torgaus erster Superintendent

Ein konsequenter Verfechter der reformatorischen Sache

—

VON MARTIN TREU

Klein war er, unansehnlich und einäugig, aber laut. Gabriel Zwilling, der nach Humanistensitte seinen Namen in das griechische Didymus wandelte. Sein Geburtsjahr ist unbekannt, obwohl er einige Jahre jünger als Luther gewesen zu sein scheint. 1512 ließ sich der Augustinereremit in Wittenberg immatrikulieren. Nach seiner Promotion zum Baccalaureus sandte ihn Luther 1517 in das Erfurter Kloster seines Ordens zum Studium des Griechischen. 1519 kehrte er nach Wittenberg zurück und wurde zum Magister promoviert.

In den Blick der Öffentlichkeit geriet der begabte Prediger erst 1521, als Luther auf der Wartburg weilte. Seine Kanzelreden im Kloster, wohl unter dem Einfluss des Andreas Bodenstein aus Karlstadt, wurden immer radikaler. Zeitgenossen nannten ihn bewundernd einen »zweiten Martinus«. Unter seiner Leitung kam es am 10. Januar 1522 zum ersten Bildersturm der Reformation. Die Ausstattung der Wittenberger Augustinerkapelle, Altäre, Kruzifixe und Fahnen wurden im Klosterhof verbrannt, den Statuen die Köpfe abgeschlagen. Luthers Rückkehr beendete die Wirren. Zwilling unterstellte sich, anders als Karlstadt, wieder seiner Leitung. Fortan betrachtete Luther ihn als besonderen Freund.

Nachdem sich Zwillings Berufung als evangelischer Pfarrer in Altenburg gegen den Widerstand des dortigen altgläubigen Kapitels nicht durchsetzen ließ, ging er Anfang 1523 als Gehilfe des Pfarrers nach Torgau. Seit dem 13. Dezember des Jahres ist er als Prediger in der Stadt nachzuweisen. Hier heiratete er auch am 1. Oktober 1524 Elisabeth, die Witwe des kurfürstlichen Sekretärs Hieronymus Rudlauf. Offensichtlich war Luther mit dieser Verbindung sehr einverstanden, denn der Reformator stand 1526 Pate bei der Geburt von Zwillings erstgeborenem Sohn.

Am 17. Mai 1525 wählte ihn die Torgauer Bürgerschaft einmütig zum Stadtpfarrer, 1529 wurde er Superintendent und damit Vorgesetzter aller Geistlichen in Torgau und Umgebung. Sein Talent als Prediger wurde allseits gerühmt. Bei der Akustik der damaligen Kirchen kann man also davon ausgehen, dass in dem kleinen Körper eine tragende und deutliche Stimme wohnte. Ob Zwilling beim Sturm auf das Torgauer Franziskanerkloster am 1. März 1525 beteiligt war, ist nicht belegt und sehr unwahrscheinlich. Seine engagierten Predigten dürften jedoch zu einer Atmosphäre beigetragen haben, die den Angriff überhaupt erst ermöglichte.

Gewöhnlich gehörte zur Ausstattung einer städtischen Pfarre auch ein Wohnhaus für den amtierenden Kleriker. In Torgau scheint Zwilling anfangs auch in einem solchen gewohnt zu haben. Luther war allerdings darüber hinaus der Überzeugung, dass der Torgauer Magistrat dafür zu sorgen habe, dass Zwilling mit seiner wachsenden Familie ein eigenes Heim bekam. Der Rat sah das ganz anders. Statt ihm ein ver-

Eingang Wintergrüne 2 zur ehemaligen Superintendentur, in der Gabriel Didymus seit 1525 wohnte und seine Amtsgeschäfte führte

Für Luther waren die Torgauer »grobe Frösche«, die die Botschaft des Herrn gern vernahmen, aber nicht ordentlich für das Auskommen ihrer Verkündiger sorgen wollten.

fügbares Haus zu schenken, bot man ihm 1537 eins in der Rittergasse für 200 Gulden an. So viel Geld hatte Zwilling nicht. Jetzt half ihm der Kurfürst. Allerdings muss sich das Gebäude in einem schlechten Zustand befunden haben, denn noch 1540 wandte sich Zwilling wiederum an den Kurfürsten in einem Brief, der heute im Lutherhaus Wittenberg aufbewahrt wird, mit der Bitte um weitere finanzielle Unterstützung beim Ausbau. Für Luther war schon 1535 klar, dass »die groben Frösche« zu Torgau zwar das Evangelium hören wollten, aber nicht bereit waren, ihren Prediger ordentlich zu versorgen. Aus Torgauer Sicht ging es allerdings vielmehr darum, aus dem Kleriker einen Bürger wie alle anderen zu machen.

Nach Luthers Tod und der Niederlage der Evangelischen im Schmalkaldischen Krieg versuchte der neue Kurfürst Moritz von Sachsen im sogenannten Leipziger Interim durch einige Zugeständnisse an die altgläubige Seite in Fragen der Zeremonien im Gottesdienst das Überleben der lutherischen Kirche zu sichern. Zwilling verweigerte sich den Neuerungen kompromisslos, obwohl der Kurfürst persönlich mit ihm verhandelte. So wurde er 1549 abgesetzt und für kurze Zeit in Wittenberg inhaftiert. Allerdings fand der alte Freund Luthers viele Fürsprecher, so dass er bis zu seinem Tod 1558 wieder als Privatmann in Torgau leben durfte. Er bekam sogar eine Pension vom Kurfürsten und wirkte als privater Prediger für dessen Mutter auf dem Torgauer Schloss. ●

▶ **DR. MARTIN TREU**
  ist Theologe und Kirchenhistoriker sowie als ehrenamtlicher Geschäftsführer der Luther-Gesellschaft in Wittenberg tätig.

Ein Bittbrief von Gabriel Didymus an den Kurfürsten Johann Friedrich

Gnad vnd fried von Gott. Durchleuchtigster hochgeborner Churfürst Gnedigster Herr, Ewer Churfurstliche gnad(en) haben mir vor Dreyen iaren eine gnedige stewr zu einem hausse gethan, vor mein weib vnd kinder. Des ich mich gegen Ewr Churf(urstliche) gnad(en) auffs vnterthenigste bedanke. Ich gebe E(wer) Churf(urstliche) g(naden) vntertheniglich zu erkennen, Das ich dasselbige haus hab angefangen zu bawen bitte gantz vntertheniglich E(wer) Churf(urstliche) g(naden) vmb eine gnedige stewr, was E(wer) Churf(urstliche) g(naden) gnediglich gefellet. Bitte vntertheniglich E(wer) Churf(urstliche) g(naden) wolle meine bitt nicht inn vngnaden erkennen. Denn ich werde sehr viel schuldig, weil der baw viel mehr gestehet, Denn er mir angeschlagen ist. Gottes Gnad sey mit E(wer) Churf(urstlichen) g(naden) vnd erhalte E(wer) Churf(urstlichen) g(naden) vns gnediglich. Amen.

E(wer) Churf(urstlicher) g(naden)
vntertheniger
Gabriel Didymus

Die Wurzener Fehde und der Auszug der Geharnischten

Die Torgauer Geharnischte Bürgerwehr in Geschichte und Gegenwart
—

VON DIETER MITTAG

Das Traditionswappen der Torgauer Geharnischten

In einem Beistandsvertrag zur Banden- und Straßenräuberbekämpfung zwischen den Städten Torgau, Oschatz und Grimma aus dem Jahr 1344 wird erstmals die Torgauer Geharnischte Bürgerwehr urkundlich erwähnt. Sie bestand praktisch aus allen Bürgern Torgaus, die laut Stadtordnung zur Anschaffung von Harnisch, Helm und Waffen sowie zu regelmäßigen Waffenübungen verpflichtet waren. Im Jahr 1542 wollte der in Torgau residierende Kurfürst Johann Friedrich das Bistum Meißen zur Abgabe der vom Kaiser verordneten »Türkensteuer« zwingen, die der meißnische Bischof verweigerte. Der Kurfürst ließ kurzerhand die Torgauer Bürgerwehr mobilisieren, um die nächstgelegene Stadt des Bistums, Wurzen, zu besetzen. Die 128 Mann starke geharnischte Truppe – mehr waren in der Eile nicht zusammengekommen – nahm am 22. März die Stadt Wurzen kampflos ein. Den Torgauern folgten weitere Aufgebote aus dem sächsischen Kurfürstentum. Herzog Moritz in Dresden aber sah das als grobe Missachtung seiner Mitregentenrechte und rückte seinem kurfürstlichen Vetter mit 10.000 Mann und 500 Reitern entgegen. Es kam jedoch nicht zum Kampf. Energische Worte Martin Luthers an die Fürsten und die Vermittlung des Landgrafen Philipp von Hessen ermöglichten einen friedlichen Abzug der Streitkräfte. Ostern 1542 kehrten die Torgauer Geharnischten, unterwegs allerorts mit Osterfladen bewirtet (daher auch die Scherzbezeichnung »Fladenkrieg«), unbeschadet nach Torgau zurück. Als Dank für ihren Einsatz verlieh der Kurfürst den Beteiligten das Recht, jährlich ein Erinnerungsfest feiern zu dürfen. Ab 1824 wurde dieses Auszugsfest dann nur noch alle zwei Jahre gefeiert. Es war inzwischen zum größten Volksfest in der Region geworden.

Die Vereinsmitglieder in der traditionellen Renaissancekleidung, gemeinsam mit der Oberbürgermeisterin der Stadt Torgau. Antreten vor dem Festumzug auf dem Paradeplatz und die Geharnischten zu Pferde

Das blieb so bis ins Jahr 1938. Während des Zweiten Weltkrieges fielen die Feste aus, und gegen Kriegsende nahmen die US-Soldaten die Harnische aus dem Schloss als Kriegsbeute mit. Die »Geharnischte Bürger-Compagnie« wurde verboten, verbliebene Waffen und Rüstungen gingen an das Museum.

Der Torgauer Geharnischtenverein hat sich im Jahr 1990 neu gegründet, um die Tradition wieder pflegen zu können. Damit war auch die Voraussetzung für die Wiederbelebung des Auszugsfestes geschaffen. Nach mühevoller, unermüdlicher Aufbauarbeit konnte erstmals wieder im Jahr 1994 ein solches Auszugsfest organisiert werden. Seither findet es wie zuvor alle zwei Jahre am Himmelfahrtstag statt und begeistert viele Besucher. Höhepunkte des Festes sind die Krönung des »Großen Königs«, der durch Schießen mit der Armbrust auf einen hölzernen Adler ermittelt wird, der große Festumzug mit Gastvereinen vom Torgauer Marktplatz zum Vereinsgelände und die Festpolonaise der Geharnischten.

In ihrer farbenfrohen Renaissanceuniform, die bei besonderen Anlässen durch zusätzliches Anlegen eines Harnischs ergänzt wird, sind die Torgauer Geharnischten auch heute bei Festen und Umzügen in nah und fern gern gesehene Gäste. Ein ganz besonderer Höhepunkt im Vereinsleben war 1997 die Teilnahme an der berühmten Steuben-Parade in New York.

Gegenwärtig hat der »Torgauer Geharnischtenverein e. V.« rund 100 Mitglieder, sowohl Aktive als auch Fördermitglieder, die sich der Tradition verpflichtet fühlen. Der Verein gliedert sich in Geharnischte zu Fuß und in Geharnischte zu Pferd; die Frauen bilden den Marketenderinnenzug.

Im Jahr 2011 schließlich wurde der Schaukampfzug »Faust Luthers« mit einer angegliederten Lagertruppe gegründet. Gemeinsames Ziel ist eine lebendige und militärhistorisch authentische Darstellung der Epoche der Reformation, vor allem durch die Präsentation damaliger Kampfstile und Biwaks. Das Repertoire reicht von Duellen mit Hieb- und Stichwaffen, mit Spieß und Hellebarde bis hin zum Kampf ohne Waffen sowie der Vorstellung des militärischen Lagerlebens der Renaissancezeit. ●

▶ **DIETER MITTAG**
ist Vorsitzender des Torgauer Geharnischtenvereins e. V.

Schönes und Gelehrtes

Ein historisches Gebetbuch

In den Beständen des Stadtarchivs Torgau befindet sich ein wahres Kleinod Torgauer Buchdruckerkunst. Es ist ein Gebetbuch, das im Jahre 1596 mit silbernen Lettern in der Torgauer *Herzoglich-Sächsischen Officin* auf Schloss Hartenfels gedruckt wurde. Zu dieser Zeit residierte in Torgau der kurfürstliche Administrator Friedrich Wilhelm von Sachsen-Weimar. Von besonderer druckhistorischer Bedeutung ist die Textumrahmung mit jeweils acht kleinen Holzschnitten, die alttestamentarische Stellen der Heiligen Schrift darstellen: ein Zeichen kunstfertiger Buchdruckerarbeit vom Ende des 16. Jahrhunderts. Die insgesamt etwa 200 Motive kehren in dem fast 400 Seiten umfassenden Buch regelmäßig wieder. Erwähnenswert sind außerdem kleine Holzschnittmedaillons am unteren Rand jeder Seite mit den Bildnissen u. a. des Reformators Martin Luther und seines Wittenberger Freundes Philipp Melanchthon sowie der vier Evangelisten Matthäus (als Engel), Markus (als geflügelter Löwe), Lukas (als geflügelter Stier) und Johannes (als Adler). Das Gebetbuch ist mit einem Einband aus fein gegerbtem Schweinsleder versehen, der vermutlich aus dem 17. Jahrhundert stammt. Obwohl das Titelblatt des Werkes nicht erhalten geblieben ist, darf dieses Gebetbuch dennoch als eine wertvolle Bereicherung der Bestände des Stadtarchivs gelten.

▶ www.torgau.eu

▶ **ANGELIKA GRÄBER**
ist die ehemalige Leiterin des Stadtarchivs Torgau.

Der Torgauer Geschichtsverein – Heimstatt für Museen und regionale Geschichte

Der Torgauer Geschichtsverein steht in der Nachfolge des Torgauer Altertumsvereins, der vor 130 Jahren gegründet wurde. Nachfolger ist er vor allem in seinen Anliegen, regionale Geschichte zu pflegen und Museen der Stadt zu betreiben. 1990 gegründet, hat der Verein heute 80 Mitglieder. Er ist der geistige Vater des Torgauer Museumspfades mit sieben musealen Stationen an öffentlichen und privaten Standorten der Altstadt. Der Verein hat außerdem mit bislang 29 Publikationen beachtliche regionalgeschichtliche Forschungsergebnisse vorgelegt. Vortragsveranstaltungen, Tagungen und Exkursionen sind die eine Seite des Vereinsprogramms, die andere ist es, bei ständig knapperen Kassen lebendige Museen zu betreiben, zu sammeln und zu bewahren.

▶ www.museum-torgau.de

▶ **JÜRGEN HERZOG**

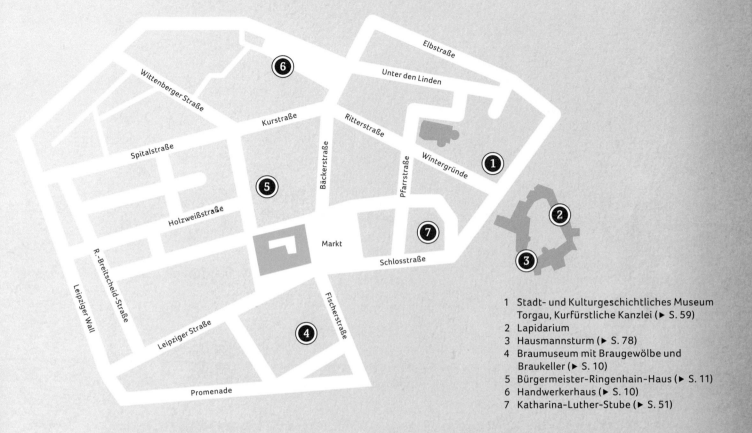

1 Stadt- und Kulturgeschichtliches Museum
  Torgau, Kurfürstliche Kanzlei (▶ S. 59)
2 Lapidarium
3 Hausmannsturm (▶ S. 78)
4 Braumuseum mit Braugewölbe und
  Braukeller (▶ S. 10)
5 Bürgermeister-Ringenhain-Haus (▶ S. 11)
6 Handwerkerhaus (▶ S. 10)
7 Katharina-Luther-Stube (▶ S. 51)

Der Torgauer Museumspfad – einmalig in Sachsen

Es begann im Jahr 1993, als die Vision des Torgauer Geschichtsvereins, eine Reihe musealer Höhepunkte im Zentrum der Altstadt zu schaffen, geboren wurde. Seitdem ist viel geschehen. Verbündete wurden gewonnen, der Torgauer Stadtrat hat die Wege geebnet und sich mit den Zielen identifiziert. Im kurfürstlichen Kanzleihaus – dem Geburtshaus der Meißnischen Kanzleisprache, der deutschen Schriftsprache Martin Luthers – konnte nach umfangreicher denkmalgerechter Sanierung im Jahr 2005 das Stadt- und Kulturgeschichtliche Museum eröffnet werden. Gleich Perlen einer Kette reihen sich in Torgau nun Erlebnisorte aneinander, die den aufmerksamen Besucher in ihren Bann ziehen. Dort, wo einst der Hausmann über den Schlaf des Kurfürsten

im Schloss wachte, auf dem Hausmannsturm, öffnet sich dem Touristen heute ein weiter Blick über Torgau. Am Ort höfischer Repräsentation erlebt man in der unteren Hofstube des Fürsten, dem heutigen Lapidarium im Schloss, originale Steinbildwerke, Bauplastik und Baugeschichte. Das Haus, in dem Katharina Luther ihre letzten Lebenstage verbrachte, beherbergt heute die Katharina-Luther-Stube. Exemplarisch für das Brot der Stadt wird in Wolf Giersings Brauerbe in der Fischerstraße Braugeschichte dargestellt. Das prächtigste Renaissancewohnhaus in ganz Sachsen, das Bürgermeister-Ringenhain-Haus, überrascht mit seiner behutsam restaurierten Innenausstattung und bietet einen interessanten Einblick in die gehobene bürgerli-

che Wohnkultur jener Zeit. Das kleinste Objekt auf dem Museumspfad aber ist ein Juwel ganz besonderer Art – das Handwerkerhaus am Wall, ein winziges, schiefes Haus, das einst Schornsteinfeger und Dienstleute beherbergte.

Wer Torgau nur kurz besucht und all das nicht gesehen hat, muss wiederkommen, sonst ist er nicht wirklich hier gewesen.

▶ www.museum-torgau.de

▶ JÜRGEN HERZOG

Der Rosengarten am Schloss Hartenfels

Der Torgauer Rosengarten existiert als gärtnerische Anlage schon über 450 Jahre. Er entstand von 1534 bis 1542 als Schlossgarten in den strengen Formen der Renaissance.

Große Rasenflächen im unteren Teil kontrastieren mit niedrigen Gehölzen und Blumenbeeten. Ergänzt wurde dies alles mit kleinen Wasserspielen und Skulpturen.

Anfang des 16. Jahrhunderts wurde zusätzlich ein kurfürstlicher Kräuter-, Gewürz- und Blumengarten angelegt, dessen genauer Standort heute nicht mehr nachweisbar ist. Überliefert ist jedoch, dass der Kurfürst August von Sachsen (1526, Kurfürst 1553–1586) ein besonderes Interesse an der Botanik hatte. So ließ er sich von Johannes Kentmann, einem bekannten Torgauer Arzt und Naturforscher,

ein Kräuterbuch für seine Privatbibliothek anfertigen.

Die früheste historische Quelle, der »Plan von den Schloss-Gebäuden und Gärten zu Torgau«, stammt vermutlich aus dem Jahre 1784. Nach diesem Plan gliederte sich der Garten in drei Bereiche: in den heute noch existierenden Rosengarten, in den Garten »Paradies« und in die Rennbahn, auch Turniergarten genannt. Der Schlossgarten, der im Anschluss an den heutigen Rosengarten folgte, wird von zwei jetzt noch vorhandenen Gebäuden begrenzt, dem Elbmagazin und dem Salzmagazin, beide Gebäude stammen aus dem 18. Jahrhundert.

In den Jahren 2000 bis 2002 wurde der Rosengarten am Schloss grundhaft saniert. Dabei wurden die Natursteinmauern, die alten

Treppenanlagen und die einzelnen Terrassen freigelegt. Eine differenzierte Bepflanzung ergibt nun eine gelungene Gesamtkomposition des Gartens. Zum heutigen Ensemble gehören harmonisch abgestimmte Einrichtungsgegenstände wie die Springbrunnenanlage aus Sandstein, eine Wasserschale im Terrassenbereich, Sitzgruppen mit einem schmiedeeisernen Pavillon und schöne Gartenbänke.

▶ www.tic-torgau.de

▶ **CORNELIA KÖNIG**
   ist Kulturwissenschaftlerin und als
   Leiterin des Stadt- und Kulturgeschichtlichen Museums Torgau tätig.

Claus Narr – der Eulenspiegel des kurfürstlichen Hofes

Im Spätmittelalter gehörten Hofnarren zum festen Bestandteil des Hoflagers und bereicherten das kulturelle Leben an den Herrscherhäusern. Sie gehörten zu den nicht standesgemäßen Hofbediensteten, hatten jedoch eine Sonderstellung inne. Als äußere Kennzeichen des nicht »Standesgemäßen« galten neben körperlichen Defekten auch geistige Minderbemitteltheit.

Es gehörte damals zur Mode, dass Herrscher einen oder mehrere »Nicht-Normale« zur allgemeinen Belustigung in den Hofstaat holten. Sie führten zumeist ein recht angenehmes Leben, wurden mit Unterkunft, Kleidung und Nahrung versorgt und verfügten gegenüber ihrem Herrn oft über einen erstaunlichen Handlungsfreiraum, der sprichwörtlichen Narrenfreiheit.

Literarisch und bildkünstlerisch aufgewertet wurden allerdings nur wenige. Claus Narr zählt zu ihnen, denn der herrschaftliche »Alleinunterhalter« amüsierte die ernestinischen Kurfürsten über 75 Jahre an deren Hof und verband seine »Spaßmacherei« öffentlichkeitswirksam mit Schlagfertigkeit und Freimütigkeit. Seine Sprüche waren am fürstlichen Hof bekannt wie die Faustlegende und sind heute in einem Volksbuch überliefert. Eine plastische Darstellung des Claus Narr ist darüber hinaus auf einer Konsolenfigur am Schloss Hartenfels rechts neben dem Wendelstein zu sehen.

▶ www.tic-torgau.de

▶ **CORNELIA KÖNIG**

Stadt- und Kulturgeschichtliches Museum im kurfürstlichen Kanzleihaus

Christi Geburt, Altarrelief aus der ehemaligen Klosterkirche, um 1500, Detail

Das Kurfürstentum Sachsen war Musterland für eine vorbildliche Landesverwaltung. Da die Hauptkanzlei ihren Sitz in Torgau hatte und die »alte Kanzlei« im Schloss nicht mehr ausreichend Raum bot, kaufte Kurfürst Friedrich der Weise 1523 ein noch dem Kloster Nimbschen verbliebenes Gebäude auf dem Klosterhof vor dem Schloss. Im 18. Jahrhundert wurde das Gebäude als »Manufactur in der Cantzelley« zur Herstellung von feinen Wolltuchen genutzt. 1711 weilte Zar Peter I. anlässlich der Hochzeit seines Sohnes in Torgau und traf sich hier mit dem Gelehrten Gottfried Wilhelm Leibniz.

Das Gebäude der »Neuen Kanzlei« mit der großen Schreibstube, den Aktengewölben und der Ratsstube beherbergt seit 2005 das Stadt- und Kulturgeschichtliche Museum Torgau mit seiner Sammlung zur Torgauer Geschichte. Von der Ur- und Frühgeschichte bis in die Gegenwart kann das wechselvolle Schicksal Torgaus in der Ausstellung verfolgt werden. Etwas ganz besonderes sind das Niese-Zimmer – ein Familienbestand des 18. und 19. Jahrhunderts, zu dem auch ein ganzes Archiv gehört – und das Loebner-Zimmer, mit der Sammlung des ältesten Spielwarengeschäfts.

▶ www.museum-torgau.de

▶ **JÜRGEN HERZOG UND KATHRIN NIESE**

Ratspokal des Goldschmieds Andreas Klette, 1599

KIRCHEN DER STADT

Von den einst mehr als zwanzig Kirchen und Kapellen der Stadt hat sich nur etwa ein halbes Dutzend erhalten. Diese aber beeindrucken durch ihr besonderes Äußeres, ihr Alter und ihre historische Bedeutung. Bis in die Gegenwart hinein werden hier lebendige Gottesdienste gefeiert und berührende Konzerte aufgeführt. Torgaus Kirchen und ihre Gemeinden laden zu Besuch, Besinnung und Bewunderung.

»Salomo hat nirgends einen so schönen Tempel gebaut, als Torgau hat.«

Martin Luthers besondere Beziehung zu den Torgauer Kirchen, in denen die Zeit der Reformation an authentischen Orten lebendig wird

—

VON HANS CHRISTIAN BEER

Von welcher Himmelsrichtung man sich der alten Residenzstadt Torgau auch nähert, immer grüßen von Ferne die Türme der Stadt den nahenden Besucher. Sie bestimmen die Silhouette dieses Ortes. Neben den drei Türmen des imposanten Renaissanceschlosses sind die glockentragenden der Kirchen prägend. Vor allem die evangelische Stadtkirche St. Marien und die Nikolaikirche grüßen mit ihren hohen Türmen weit ins Land.

Kirchen sind zu allen Zeiten wichtige Bezugspunkte der Menschen gewesen. Ihre Nutzung mag sich verändert haben, so wie hier in Torgau mit der Nikolai- und der Alltagskirche geschehen. Ihre Bedeutung aber bleibt im öffentlichen Bewusstsein. Noch immer kommt ihnen eine wichtige Rolle im städtischen Leben zu. Dazu gehört vor allem der Zweck, für den Kirchen ursprünglich erbaut wurden: zum Lobe Gottes und zum Trost der Menschen. Kirchen sind Orte der Besinnung und des Auftankens in unserer hektischen Welt. Hier können Angst und Schrecken, aber auch Dank und Freude zu Sprache kommen. Allen Menschen stehen Kirchen offen, sei es zum interessierten Besuch, zur stillen Andacht, zum Konzert oder aber zum Gottesdienst. Kirchen sind einladende Orte, die Vergangenheit und Gegenwart verbinden.

Stadtkirche St. Marien

Wie eine schützende Glucke erhebt sich das mächtige spätgotische Kirchenschiff der altehrwürdigen Stadtkirche St. Marien über der Stadt. Nähert sich der Besucher diesem beeindruckenden Bauwerk

vom Marktplatz her kommend, nimmt er als Erstes das mächtige Westwerk mit den beiden unterschiedlich hohen Türmen wahr. An diesem strengen Baukörper lassen sich Stilelemente aller Bauphasen des Gotteshauses erkennen; von der Romanik über die Gotik, die Renaissance und das Barock bis hin zum Rokoko. Für Letzteres steht der südliche Turm, der nach einer Brandkatastrophe, verursacht durch einen Blitzeinschlag im Jahr 1748, im Jahre 1750 neu aufgerichtet und im damals zeitgenössischen Stil erbaut wurde.

Ein erster romanischer Vorgängerbau der Marienkirche ist für die Zeit um 1100 belegt. In einer Urkunde wird die Kirche 1119 erstmals schriftlich erwähnt. Ein dendrochronologisch untersuchtes Balkenstück aus dem Mauerwerk des nördlichen Turms weist ebenfalls auf diese Zeit hin.

Die Predella des Hochaltars: »Abendmahl« von Johann Heinrich Sperling, 1698

◄ S. 62
Der Taufstein in der Marienkirche aus Alabaster, gestiftet vom Apotheker und Ratsherrn Gottfried Kistenmacher, 1693, und die Kanzel, geschaffen von Georg Wittenberger, 1582

◄ S. 60/61
Die Kanzel der Schlosskirche von 1544 und ein Glasgemäldefenster aus der Stadtkirche St. Marien

Gottesdienst in der katholischen Kirche »Zur Schmerzhaften Mutter Gottes« (▶ S. 69)

▶ S. 65
Im Jahre 1543 durch Nickel Gromann begonnen, wurde die Schlosskapelle im Jahr 1544 durch Martin Luther zum ersten protestantischen Kirchenbau geweiht

Erweitert und umgebaut wurde die alte Basilika um 1200. Aus dieser Zeit sind die rundbogigen Arkadenfenster im Nordturm und im Mittelteil des Westwerks erhalten.

Betritt der Besucher dann durch den 800-jährigen tonnengewölbten Eingangsraum das weite spätgotische Kirchenschiff, ist er von der Größe und Lichtfülle beeindruckt. Besonders an sonnigen Tagen flutet das Licht durch die vielen hohen Fenster in den Innenraum. Mittel- und Seitenschiffe sind annähernd gleich hoch und werden getrennt durch schlanke, himmelstrebende Säulen. In der zweiten Hälfte des 14. Jahrhunderts begann man mit der Errichtung dieser Halle. Gegen 1500 war der Bau abgeschlossen und hat die Zeiten bis heute überdauert.

Von der ursprünglichen mittelalterlichen Ausstattung hat sich wenig erhalten. Neben einigen freigelegten Wandmalereien erinnert ein Flügel des gotischen Hauptaltars an die vorreformatorische Zeit. Prominentestes Zeugnis jener Epoche ist das Grabmal der Herzogin Sophie von Mecklenburg. Es wurde 1504 in der Nürnberger Fischerwerkstatt gegossen und zeigt die früh verstorbene Schwägerin Friedrichs des Weisen. Zu diesem Grab wurde ein Altar für die Heilige Anna und die 14 Nothelfer gestiftet. Er wurde von Lucas Cranach d. Ä. gemalt. Von diesem Kunstwerk ist noch heute ein Bild erhalten, das die 14 Nothelfer darstellt.

Die Torgauer Stadtkirche war während der entscheidenden Jahre der Reformation Predigtkirche des kurfürstlichen Hofes und der Torgauer Bürger. Häufig stand Martin Luther auf der Kanzel. In diesen Mauern fand auch die Ehefrau des Reformators, Katharina von Bora, nach ihrem Tod am 20. Dezember 1552 ihre letzte Ruhestätte. An sie erinnert bis heute ihr eindrucksvoller Grabstein, der sie lebensgroß darstellt. Grundlegend umgestaltet wurde die Kirche in Folge der Reformation. Die bis dahin vorhandenen 16 mittelalterlichen Altäre wurden entfernt, und es erfolgte eine Renovierung im barocken Stil. Aus dieser Zeit stammen Hochaltar und Taufstein.

Neuester Einrichtungsgegenstand ist die 1984 errichtete Orgel der Orgelbaufirma Schuster aus Zittau. Sie erinnert an die Bedeutung dieser Kirche für die Kirchenmusik als Wirkungsstätte des »Urkantors« Johann Walter. Er musizierte mit dem Knabenchor und der Bürgerkantorei auf der Südempore.

Durch die Jahrhunderte hindurch ist die Stadtkirche St. Marien Gottesdienststätte der Torgauer Kirchengemeinde. Hier versammeln sich bis heute Christen zum Gottesdienst, hier werden Kinder und Erwachsene getauft, Jugendliche konfirmiert und Paare getraut.

Schlosskirche

Eine zweite Kirche steht der Evangelischen Kirchengemeinde Torgau zur Verfügung. In der kalten Jahreszeit zwischen Oktober und Pfingsten versammelt sich die Gottesdienstgemeinde in der Schlosskirche. Diese ist ein besonders prominenter Bau und erinnert in beeindruckender Weise an Reformation und kirchliche Erneuerung. Mit diesem Gebäude ist

Die Torgauer Schlosskirche ist die erste Kirche, die ganz im Geiste der Reformation geplant, gebaut und eingeweiht wurde. Luther selbst hielt 1544 die Einweihungspredigt.

Reformation hautnah erlebbar. Die Torgauer Schlosskirche gilt als erster Kirchenneubau, der von Anfang an als evangelische Kirche geplant und ausgeführt wurde. 1544 wurde sie von Martin Luther eingeweiht. Der bis dahin übliche katholische Weiheritus fand hier keine Anwendung mehr. Luther selbst sagte in seiner Einweihungspredigt vom 5. Oktober 1544: *Darum, damit es recht und christlich eingeweihet und gesegnet werde, wollen wir anfahen, Gottes Wort zu hören und zu handeln. … Und nun ihr es, lieben Freunde, habt helfen besprengen mit dem rechten Weihwasser Gottes Worts, so greift nun auch mit mir an das Rauchfass, das ist, zum Gebet …*

Der Besucher betritt den klar gegliederten Kirchenraum durch das hofseitige, figurenreich geschmückte Portal. Hier klingt mit der Darstellung der Marterinstrumente Christi Luthers *theologia crucis* an. Der hohe, schlichte Innenraum wird durch die beiden Emporen gegliedert, die die Geschosse der angrenzenden Gebäude weiterführen.

Von der ursprünglichen Ausstattung sind nur wenige Teile erhalten. Eines ist die aufwändig gestaltete Kanzel, die beim Betreten des Raumes zuerst wahrgenommen wird. Sie wurde vom Steinbildhauer Simon Schröter gestaltet und bezieht sich in ihrem Bildprogramm auf zentrale Punkte der neuen protestantischen Theologie. *Sola gratia, sola scriptura, sola fide, solus Christus* wird verdeutlicht durch die Darstellung verschiedener biblischer Szenen: Christus und die Ehebrecherin; der zwölfjährige Jesus im Tempel, die Tempelreinigung und die nicht mehr vorhandene Darstellung der Taufe Jesu.

Der nach Zerstörung am Kriegsende rekonstruierte Altartisch steht frei im Raum, getragen von vier Engeln. Die Reformation veränderte das Verhältnis zu den Heiligen. Reliquien waren nicht länger Gegenstand der Verehrung und hatten keinen Platz mehr in einem Blockaltar. Vielmehr rückte die Feier des gemeinsamen Abendmahls in den Mittelpunkt.

Ein besonders schönes Kunstwerk ist die im sächsischen Freiberg vom Bronzegießer Hilger gefertigte Dedikationstafel mit einem Lobgedicht auf diese Kirche, auf ihren Bauherrn und auf Luther.

Aus neuester Zeit stammt die sich an alten Vorbildern orientierende Orgel von 1994. Sie verweist auf den hohen Stellenwert der Kirchenmusik im

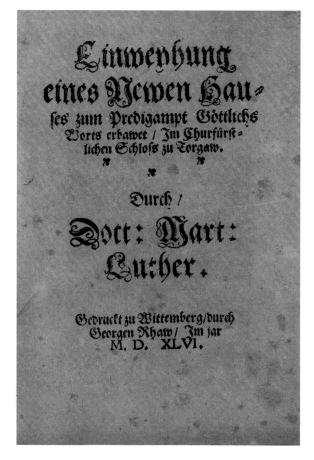

Die Kirchweihpredigt von Martin Luther, gehalten am 5. Oktober 1544, gedruckt 1546 in Wittenberg bei Georg Rhau

Protestantismus. So schrieb Johann Walter, Luthers Freund und erster evangelischer Kantor, eigens zur Einweihung dieser Kirche eine Psalmmotette.

Alltagskirche

Ein Ort, der an die Schattenseiten reformatorischer Ereignisse erinnert, ist die ehemalige Franziskanerklosterkirche. Am 25. März 1525, einem Aschermittwoch, erstürmten aufgebrachte Torgauer Bürger das Franziskanerkloster, verprügelten die Mönche und zerstörten das Kircheninventar.

In den folgenden Jahren beruhigte sich die aufgebrachte Stimmung. Die Kirche kam in städtisches Eigentum und wurde auf Anraten Luthers fortan für die Wochengottesdienste der Torgauer Gemeinde genutzt. Das Kloster wurde wohl kurz nach 1240 gegründet, relativ bald nach der päpstlichen Bestätigung des Franziskanerordens im Jahr 1210. In den vierziger Jahren des 13. Jahrhunderts wurden eine erste Kirche und die Konventsgebäude errichtet. Das jetzige Kirchengebäude ist ein späterer Neubau vom Ende des 15. und Anfang des 16. Jahrhunderts.

In nachreformatorischer Zeit wurde dieses Kirchengebäude für andere, sehr unterschiedliche Zwecke eingesetzt, um schließlich nach dem Ersten Weltkrieg vom Gymnasium genutzt zu werden. Später wurde die Kirche in eine Turnhalle und nach umfangreichen Sanierungen im Jahre 1997 in die Aula des hiesigen Johann-Walter-Gymnasiums umgewandelt.

Nikolaikirche

Etwas versteckt im Hof des Rathauses ist eine weitere, ebenfalls reformationsgeschichtlich bedeutende Kirche zu finden. Auch ihre Türme prägen bis heute das Stadtbild, und die in ihnen aufgehängten Glocken sind fester Bestandteil des Stadtgeläuts, das täglich drei Mal erklingt.

Die Nikolaikirche wird schon seit den 30er Jahren des 16. Jahrhunderts nicht mehr als Kirche genutzt. Bis dahin war sie Pfarrkirche der Kaufmannssiedlung und geht in ihrer Gründung auf das frühe 13. Jahrhundert zurück.

In den Jahren der lutherischen Reformation ist die Nikolaikirche der erste Versammlungsort der neuen Glaubensbewegung. Der Prediger von St. Nikolai, der Dominikanermönch Valentin Tham, tauft hier bereits 1519 Kinder unter Verwendung der deutschen Sprache und bekennt sich 1520 in seinen Predigten zu Luthers Lehre. 1525 predigt hier Justus

Die ehemalige Klosterkirche der Franziskaner (Alltagskirche), ein kurfürstlich gefördertes Bauvorhaben, um 1496–1513

Jonas. Seit 1526 wird in der Kirche kein katholischer Gottesdienst mehr gehalten. Bei der Torgauer Visitation 1529 steht die Kirche bereits unbenutzt da und ist verschlossen. Sie wird laut Visitationsprotokoll dem Rat der Stadt zu anderweitiger Nutzung übergeben.

So wird die Kirche nach der Reformation als Kaufhaus und für Wirtschaftszwecke genutzt, seit dem 17. Jahrhundert mehr und mehr nur noch als Lagerhaus und als Gefängnis verwendet. Im 19. Jahrhundert ist sie Verwaltungs- und Zellengebäude des Kreis- und Landgerichts Torgau.

Gegenwärtig wird mehr oder weniger intensiv über eine Restaurierung und Rekonstruierung des vorhandenen Gebäuderestes nachgedacht, um ihn einer neuen Nutzung zuzuführen.

Katholische Kirche

Sie ist die Pfarrkirche der katholischen Gemeinde und trägt den Namen »Zur Schmerzhaften Mutter Gottes«. Seit 1850 besteht in Torgau eine katholische Missionsstation mit Pfarrei. 1855 wird neben dem Gasthaus »Zum Goldenen Löwen« vor dem ehemaligen Bäckertor eine Kirche erbaut, die jedoch 1906 abbrennt. Der Neubau von 1908 ist im Grundtyp einer mittelalterlichen romanischen Kirche mit Langhaus, Querschiff, niedrigen Seitenschiffen und Chorraum nachempfunden. Seit der Einweihung steht im Chorraum ein dreiteiliger Hochaltar mit

verschiedenen Mosaiken und Reliefbildern, die die Geburt Jesu in Bethlehem und die Auferstehung Jesu darstellen. Im mittleren Mosaik ist ein Pelikan zu entdecken, der mit seinem Herzblut seine hungernden Kinder ernährt. Die Fenster über dem Hochaltar erzählen Szenen aus dem Leben Marias. Zwei Seitenaltäre zeigen links den Heiligen Georg, der mit seiner Lanze einen Drachen tötet, und rechts die Mutter Maria, wie sie ihren toten Sohn Jesus beweint.

Neuapostolische Kirche

Seit etwas mehr als einhundert Jahren gibt es in Torgau eine Gemeinde der Neuapostolischen Kirche. Im Jahr 2008 wurde mit dem Neubau eines Gemeindezentrums in der Naundorfer Straße 8 begonnen, der im Jahr darauf eingeweiht werden konnte. Die Gemeinde erhielt damit in der Nähe ihrer vorherigen Kirche ein neues Kirchengebäude, das ihren zeitgemäßen Ansprüchen sowie den Forderungen der städtebaulichen Gestaltung gerecht wird. Für fast 300 Besucher bietet das neue Gotteshaus ausreichend Platz. Neben dem Kirchensaal mit Empore umfasst das Gebäude mehrere Nebenräume mit vielfältigen Nutzungsmöglichkeiten. •

▶ **HANS CHRISTIAN BEER**
ist evangelischer Pfarrer in Torgau.

Eine helle und offene Begegnungsstätte ist das neue Kirchengebäude für die Mitglieder der Gemeinde Torgau der Neuapostolischen Kirche. Für das aktive Gemeindeleben spielen die Gottesdienste und ein musikalisches Engagement in Chor und Orchester eine besondere Rolle

◀ S. 68
Weithin sichtbar grüßen die sogenannten »Bischofsmützen«, die Türme der romanischen Nikolaikirche, die Besucher der Stadt. Unmittelbar nach der Säkularisierung anno 1529 war sie u. a. Gewandhaus, Kaufhaus, Gericht, Gefängnis und Mehlwaage

Die »Friedliche Revolution« in Torgau

Auszüge aus dem Tagebuch von Matthias Grimm-Over, 1989 Kreisjugend-wart des Evangelischen Kirchenkreises Torgau und Mitbegründer sowie Kreissprecher des Neuen Forums Torgau bis zum 02.10.1990

—

VON MATTHIAS GRIMM-OVER

Sonntag, 08.10.1989

Spontan treffen sich am Abend sechzig Torgauer Bürger im Saal des Ev. Gemeindehauses in der Leipziger Str. 22. Auf dem Programm steht eine Information über die neuen politischen Gruppierungen und die Frage der Gründung eines Bürgerforums in Torgau. Überrascht vom Interesse verabreden wir wöchentliche Treffen sonntags in der Stadtkirche.

Während der Veranstaltung marschiert die Staatsmacht auf! In der Leipziger Straße laufen Polizisten mit Hund Streife und kontrollieren die Passanten. Vor dem Volkspolizeikreisamt hält ein LKW mit bewaffneten Polizeischülern aus der Volkspolizeischule Dommitzsch. Der Vertreter für Kirchenfragen vom Rat des Kreises konfrontiert uns vor dem Gemeindehaus mit der Drohung »Hier kommen sie nicht mehr raus!« Am Ende siegt die Vernunft, und alle Teilnehmer unseres Treffens erhalten freies Geleit oder klettern über Hinterhofmauern mit Flugblättern im Gepäck.

Sonntag, 22.10.1989

Mittlerweile sind wir über tausend Leute beim sonntäglichen Gebet für Erneuerung in der Stadtkirche. Immer beliebter wird das offene Mikrofon. Menschen sprechen frei und selbstbewusst an diesem historischen Ort der Reformation. Immer mehr drängen zu Aktionen außerhalb der Kirchenmauern. Das Neue Forum hat sich organisiert und meine große Dienstwohnung in der Superintendentur ist das Büro und der Anlaufpunkt. In meinem Wohnzimmer werden nun Flugblätter hergestellt und in der Küche die vielen Helfer verpflegt. Das Schlafzimmer ist noch mein einzig verbliebener privater Rückzugsort.

Dienstag, 07.11.1989

Nachdem das Neue Forum nun schon drei Wochen arbeitet, helfe ich mal schnell bei der Gründung der Sozialde-

mokratischen Partei in der DDR. Im Hinterzimmer einer Torgauer Traditionskneipe agiere ich als Versammlungsleiter und helfe den »Genossen« bei der Neugründung. Genosse will allerdings keiner genannt werden.

Mittwoch, 08.11.1989

Nun hat auch die Ost-CDU die Zeichen der Zeit erkannt und führt ein erstes Bürgerforum im Kreiskulturhaus durch. Als Vertreter des Neuen Forums werde ich freundlich begrüßt. Die Parteibasis revoltiert gegen die Blockflöten, und ich mach da mal gleich mit.

Donnerstag, 09.11.1989

Nach mehreren spontanen Aktionen findet die erste geplante Demo statt. Schon eine Stunde vor Beginn sind alle Straßen um die Stadtkirche mit Menschen verstopft. Friedlich geht es auf den Markt. Am Ende sollen es achttausend gewesen sein. Ich kann so eine Menge nicht einschätzen. Nach der Demo stellen wir das Neue Forum beim Kulturbund vor, und am Abend kommen gute Freunde aus Halle mit neuen Informationen. Irgendwie dazwischen fällt die Mauer in Berlin, und in unserer Hektik bekommen wir nichts mit.

Dienstag, 05.12.1989

Die Bezirksdienststellen der Stasi sind besetzt. Spontan beschließe ich mit einem Pfarrer, einem Arzt und einem Arbeiter am Nachmittag ähnliches in Torgau. Gemeinsam mit dem Kreisstaatsanwalt versiegeln wir Räume in der Stasi-Kreisdienststelle und in der SED-Kreisleitung. Das »Schwert und Schild der Partei« kapituliert scheinheilig vor unserem Häuflein bzw. spielt ein Spiel mit uns naiven Gutmenschen.

Hinter unserem Rücken werden weiter Papiere geschreddert, werden Geld und Waffen gesichert. Überhaupt entdecken die Genossen nun den Kapitalismus. Während wir Idealisten weiter mit der Kerze in der Hand für eine reformierte Gesellschaft streiten, sind die ersten Geschäftsideen schon entwickelt und die dazu notwendigen Grundstücke samt den entsprechenden Häusern fest im Blick. Gute Nacht, Karl Marx!

Freitag, 22.12.1989

Vollversammlung des Neuen Forums im Haus der Metallarbeiter. Die politischen Meinungen gehen immer mehr auseinander. Die einen wollen eine Partei, die anderen eine Bürgerbewegung. Die einen wollen eine reformierte DDR, die anderen ein einig Vaterland. Lange werde ich diesen Haufen nicht mehr zusammenhalten können. Die Ereignisse überrollen unser Denken – Fröhliche Weihnachten!

Nachtrag

Dienstag, 02.10.1990

Am Abend lösen wir das Neue Forum Torgau auf. Nach fast einem Jahr intensiver Arbeit beenden wir unser Projekt ohne Wehmut – aber doch ganz schön ausgebrannt. Wir brauchen nun alle mal eine Pause und gönnen uns zum Abschluss auf dem Torgauer Markt ein Bier. Dort steht am Vorabend der Deutschen Einheit ein Festzelt mit einem ausgelassenen Publikum. Die erste Strophe des Deutschlandliedes wird mir ins Ohr gebrüllt, und ich ziehe es vor, ins Bett zu gehen. Den Start in die neue Zeit verschlafe ich. •

▶ **MATTHIAS GRIMM-OVER**
ist Sozialpädagoge und tätig als Referent für die Arbeit mit Kindern und Jugendlichen im Evangelischen Kirchenkreis Torgau-Delitzsch.

Demonstration am 09. November 1989 in Torgau

Gebet für Erneuerung im Oktober 1989 in St. Marien

Am Mikrofon der Verfasser des Textes, Matthias Grimm-Over

Kirche und Stadt

—

VON HANS CHRISTIAN BEER

Evangelischer Stadtfriedhof

Im Zuge des Ausbaus der Festung Torgau am Anfang des 19. Jahrhunderts musste der alte Friedhof aufgegeben und ein neuer angelegt werden. Dies geschah im Jahre 1811. Über 200 Gebeine wurden umgebettet. Dann wurde der neue Friedhof an der Dommitzscher Straße mit dem Begräbnis des 20-jährigen Unterkanoniers des Königlich Sächsischen Feldartillerieregiments, Carl Johann Schneider, am 24. März 1811 eingeweiht. Einige wertvolle Grabsteine aus den zurückliegenden 200 Jahren können besichtigt werden und erzählen Stadtgeschichte. Zu Beginn des 20. Jahrhunderts ist schließlich die heutige Feierhalle in zurückhaltendem Jugendstil errichtet worden. Sie konnte zum 200-jährigen Jubiläum des Friedhofs saniert werden und bietet allen Trauernden einen würdigen Rahmen für die Verabschiedung ihrer Toten.

Förderverein Stadtkirche St. Marien e. V.

Was wären Kirchen ohne dazugehörige Kirchengemeinden. Die Torgauer evangelische Kirchengemeinde zählt über 2000 Mitglieder und ist fester Bestandteil des öffentlichen Lebens der Stadt. Sie lädt ein zu Gottesdiensten, Konzerten und verschiedensten Veranstaltungen. Damit wendet sie sich nicht nur an die in ihr beheimateten Gläubigen, sondern an alle Interessierten. Neben der Rolle als Kulturträger nimmt sie bewusst soziale Belange wahr. Eng arbeiten Christen der Kirchengemeinde mit dem Diakonischen Werk Torgau-Oschatz zusammen, das unter anderem Träger einer Kindertagestätte und eines ambulanten Ökumenischen Hospizdienstes ist.

Für den Erhalt der im Besitz bzw. der Verwaltung der Kirchengemeinde befindlichen Kirchengebäude setzt sich sehr engagiert ein Förderverein ein. Besonders das bevorstehende 500. Jubiläum der Reformation macht es nötig, Schloss- und Stadtkirche in gutem Zustand den zahlreichen Besuchern zu präsentieren. Die evangelische Kirchengemeinde Torgau möchte sie mit offenen Kirchen empfangen und sich als gute Gastgeberin präsentieren.

▶ www.evkirchetorgau.de/gemeinde/foerderverein

Das Diakonische Werk Torgau-Oschatz

Mit Einführung der Reformation war auch die Erneuerung der Versorgung von Armen und Bedürftigen verbunden. Kirchengemeinde und Bürgergemeinde waren nicht unterschieden und so wurde diese Aufgabe dem Rat übergeben. In den folgenden Jahrhunderten wurde diese Aufgabe aber bewusst als eigentümliches Betätigungsfeld der in einer Gemeinde zusammenlebenden Christen gesehen. Zurückgehend auf Johann Hinrich Wichern entstanden überall diakonische Vereine und Hilfswerke. Unter dem Motto »Helfen mit Wort und Tat« hilft das Diakonische Werk Torgau-Oschatz sozial Schwachen, Bedürftigen und Menschen in schwierigen Lebenssituationen hier vor Ort. Durch Professionalität wird die Arbeit auf besondere Weise geleistet. Die Leitlinien dieser Tätigkeit entsprechen den christlichen Grundsätzen des Dienstes am Menschen.

Nach 1990 wurden Diakonische Werke als Landesverbände und Vereine im Osten Deutschlands gegründet. So auch das Diakonische Werk im Kirchenkreis Torgau e. V. und das Diakonische Werk der Ev.-Luth. Landeskirche Sachsens im Kirchenbezirk Oschatz e. V. Das Diakonische Werk Oschatz e. V. und das Diakonische Werk Torgau e. V. haben am 1. Januar 1998 das Evangelische Diakoniewerk Oschatz-Torgau gemeinnützige GmbH gegründet. Ziel war es, die Arbeit der sozialen Beratungsdienste und der sozialen Einrichtungen der beiden diakonischen Werke in einer gemeinsamen Trägerschaft zu vereinen. Als besondere Arbeitsschwerpunkte haben sich neben der Schwangeren- und Suchtberatung ein ambulanter Hospizdienst und betreutes Einzel- und Paarwohnen für psychisch chronisch Kranke herausgebildet. Weiter gehören ein Jugendmigrationsdienst sowie eine psychosoziale Kontakt- und Beratungsstelle dazu. Es wird auch sozialpädagogische Familienhilfe angeboten und darüber hinaus die Evangelische Kindertagesstätte »Sonnenschein« geführt.

▶ www.diakonie-oschatz-torgau.de

Evangelisches Jugendbildungsprojekt »wintergrüne«

Neben vielen anderen beeindruckenden Renaissancehäusern unserer Stadt ist das Haus in der Wintergrüne 2 von besonderer Bedeutung. In diesem Haus wurde 1529 die erste Superintendentur eingerichtet. In einem repräsentativen Raum im Erdgeschoss dieses Gebäudes überreichten Ende März 1530 die Reformatoren Luther, Melanchthon, Bugenhagen und Jonas dem Kurfürsten Johann dem Beständigen die Torgauer Artikel, die zur Grundlage des Augsburger Bekenntnisses wurden.

In diesem Haus macht seit 2005 das Evangelische Jugendbildungsprojekt Angebote für Konfirmanden und Schüler des Religions- und Ethikunterrichts. Unter dem Titel »Wurzeln und Flügel« können sich die Jugendlichen hier mit der Welt der Werte auseinandersetzen und eigene Wertvorstellungen entwickeln. Anregung dazu bietet eine multimediale Ausstellung. Mit dem Thema Reformation können sich Jung und Alt an einer großen interaktiven Multimediawand auseinandersetzen und Beziehungen zwischen Vergangenheit und Gegenwart herstellen.

▶ www.wintergruene.de

TOURISTISCHES UND REGIONALES

Pilgern auf dem Lutherweg, der wunderbare Blick vom Hausmannsturm, spannende Stadtführungen und natürlich die traditionsreiche Zucht edler Pferde in der fruchtbaren Elbaue im Gestüt Graditz – Torgau und seine Umgebung laden zu vielfältigen Erkundungen ein.

Torgau/Elbe schon erlebt?

Frauen führen durch die Stadt

Drei Frauen, wie sie verschiedener nicht sein könnten, laden zu Stadtführungen ein. Im historischen Gewand erscheinen sie und werden nicht müde, vom Glanz der Torgauer Bauten zu schwärmen. »Wer in den Ehestand geht, der geht in ein Kloster, das voller Anfechtungen ist«, so sagte Martin Luther, aber Katharina wäre nicht »Herr Käthe«, wenn sie darauf keine Erwiderung hätte.

Die Bäckersfrau Sophie führt durch die Altstadt, erzählt von ihrem Leben und vom Meister natürlich. Sie weiß sogar, wo der Dresdener Stollen herkommt.

Rund um Torgau gibt es viele Mühlen. Der Müllermeister hat das Lieschen allein in die Stadt geschickt. Mit ihr gemeinsam sieht man die Häuser einfacher sowie gut betuchter Bürger und sogar das Schloss mit ganz anderen Augen. ●

▶ **Buchungen und Informationen unter:**
Torgau-Informations-Center, Markt 1, 04860 Torgau,
Tel.: 03421.70140, Fax: 03421.701415
www.tic-torgau.de

Hoch zu Ross

*Eine kleine Geschichte des
Hauptgestütes Graditz*

Kurfürst Johann Georg III. gründete 1686 die Torgauischen Gestüte. In diesem Verbund von Vorwerken und bereits zu Gestüten ausgebauten Anlagen spielten Repitz bei Torgau und Graditz eine bedeutende Rolle. Als sein Sohn, Friedrich August I., die Gestüte übernahm, beauftragte er den sächsischen Hofbaumeister Matthäus Daniel Pöppelmann mit dem Ausbau von Graditz. Der zwischen 1720 bis 1725 entstandene Gestütspark fügt sich gut in die barock gestaltete Gestütsanlage ein. Aus drei mit Linden gesäumten Alleen bestehend, führt er sternförmig zum Graditzer Schloss. Die Hauptallee, auch als Torgauer Allee bezeichnet, stellt eine Sichtachse zum Schloss Hartenfels und der Torgauer Marienkirche dar. Inmitten des Parks befinden sich in der Nähe des Schlossgebäudes eine kunstgeschichtlich interessante Pferdeplastik sowie das barocke Gartenhäuschen, auch Teehaus genannt.

Das Königlich-Sächsische Hofgestüt Graditz fungierte als Lieferant von Pferden für die Dresdner Residenz. Die hier gezüchteten Pferde fanden Einsatz als Jagdpferde zu den modern gewordenen Parforcejagden, im Militär, aber auch als Gespannpferde für den als König von Polen in Warschau wirkenden Kurfürsten. Deshalb standen über 500 Pferde auf den Umspannstationen, welche für ihn auf dem Wege von Dresden nach Polen eingerichtet wurden. Wirkliche Zuchtaufgaben erhielten die Torgauischen Gestüte erst um die Wende zum 19. Jahrhundert mit dem Beginn der ersten Landgestütshengsthaltung in Sachsen.

Im Ergebnis der Napoleonischen Befreiungskriege verlor das Land nach dem Wiener Kongress 1815 auch seine wichtigsten Gestüte. Diese gingen fortan in die Preußische Gestütsverwaltung über, die von 1845 bis 1890 Stallungen des Innenhofes, den Sommerstall in der Elbaue und die Paddockanlage (besondere Aufzuchtform für Fohlen) im Park restaurieren bzw. neu errichten ließ. Die Schlusssteine an den Stallgebäuden zeugen von den verschiedensten Bauzeiten und Landesherren.

Nach dem Ende des Zweiten Weltkrieges kam das Gestüt in sowjetische Verwaltung und wurde unter die Bodenreform genommen. Der damalige Pferdebestand ging in die Sowjetunion: die Englische Vollblutzucht samt dem 250 Jahre alten Gestütsarchiv in das Gestüt Woschod und die 1944 aus dem Hauptgestüt Trakehnen evakuierten Pferde teilweise in das Gestüt Kirow.

1949 wurde Graditz als VE (»Volkseigenes«) Hauptgestüt wieder gegründet, züchtete fortan mit ca. 100 Englischen Vollblütern Rennpferde und führte eine kleine Trakehner Zucht zur Reproduktion von Deckhengsten.

Nach der politischen Wende entstand 1992 die Sächsische Gestütsverwaltung. Mit dem Landgestüt Moritzburg, dem Hauptgestüt Graditz und der Landesreit- und Fahrfachschule befinden sich alle wichtigen pferdezüchterischen Aufgaben dieser Einrichtungen in der Hoheit des Freistaates Sachsen. Das Hauptaugenmerk des Hauptgestütes Graditz besteht in der Haltung einer Stutenherde Deutscher Sportpferde zur teilweisen Reproduktion des Zuchthengstbestandes des Landgestütes Moritzburg. Neben weiteren Dienstleistungen wie Aufzucht junger Pferde und Haltung von Mutterstuten zur Abfohlung werden hier Lehrlinge in den Ausbildungsberufen Pferdewirt für Haltung und Service und Zucht ausgebildet. Darüber hinaus ist auch die Englische Vollblutzucht in privater Hoheit auf der Basis eines Staatsvertrages in Graditz etabliert.

Die Erhaltung von Graditz ist dem Freistadt Sachsen ein Anliegen, um für nachfolgende Generationen diese Tradition pferdezüchterischer Aktivitäten fortzuführen sowie das kulturhistorische Erbe zu pflegen. ●

▶ **STEFFEN BOTHENDORF**
   ist Diplom-Agraringenieur und als Leiter des
   Hauptgestütes Graditz tätig.

▶ www.saechsische-gestuetsverwaltung.de

Über den Dächern von Torgau

Der Hausmannsturm

Der im Kern mittelalterliche und mit seinen stattlichen 53 Metern höchste Turm des Schlosses Hartenfels verbindet den spätgotischen Albrechtsbau (Flügel D) mit dem prachtvollen Johann-Friedrich-Bau der Frührenaissance (Flügel C).

Die Erhöhung und Erweiterrung des Hausmannsturmes und die nach italienischem Vorbild ausgeführte Anlage der dreigeschossigen hofseitigen Loggia mit filigraner und phantasievoller Plastik erfolgte in den Jahren 1533 bis 1535. Sie stand am Beginn der ehrgeizigen und bedeutendsten Unternehmung des Kurfürsten Johann Friedrich des Großmütigen zur Umgestaltung und zum Neubau des Torgauer Schlosses. Sind die 163 Stufen der Wendeltreppe zur Aussichtsplattform des Turmes erklommen, bietet sich ein einzigartiger Rundumblick über die Dächer von Torgau und die weite Elblandschaft. Im Inneren des Turmes lassen eine interessante Ausstellung zum Leben des Hofnarren Claus Narr, der um 1500 im Turm eine Kammer bewohnte, und eine Fotodokumentation zum Jahrhunderthochwasser 2002 in Sachsen die Anstrengungen des Aufstieges vergessen.

▶ **CORNELIA KÖNIG**

Kulturbastion Torgau

Das Soziokulturelle Zentrum »Kulturbastion« ist weit über die Grenzen Torgaus bekannt. Es befindet sich in der ehemaligen Flankenkasematte der Bastion II, einem markanten Teil der sächsisch-preußischen Festung Torgau. Das Baudenkmal wurde behutsam saniert und im Jahr 2005 als modernes Veranstaltungszentrum und Ort lebendiger Geschichte eröffnet. Die Kultur ist hier in ihrer ganzen Bandbreite eingezogen: Musik, Kino, Kleinkunst, Medien- und Filmarbeit. Es finden regelmäßig Konzerte, Kabarett und Lesungen mit mehr oder weniger bekannten Künstlern, Autoren und Bands statt. Insbesondere namhafte Bands aus dem deutschen oder englischsprachigen Raum gaben hier in den letzten Jahren Konzerte. Das Programmkino verfügt über modernste Dolby-3D-Digital-Cinema-Technik und widmet sich vorrangig internationalen Filmkunstwerken. Betreiber der Kulturbastion ist der gemeinnützige Verein »KAP – Kulturelles Aktionsprojekt Torgau e. V.«. Er kümmert sich um die Programmplanung, die Technik, die Gastronomie und die Jugendarbeit.

▶ www.kulturbastion.de

▶ **DR. MICHAEL REINIGER**
  ist Referent für Kultur und Tourismus der Stadtverwaltung Torgau.

Der Lutherweg in Sachsen

Eine Reise durch 500 Jahre Wandel im Zeichen der Reformation

Luther und Katharina in der Nikolaikirche zu Döbeln

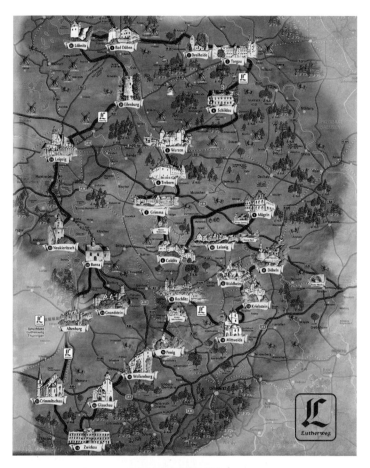

Es tut gut, uns von dem, was uns täglich belastet, frei zu machen – der Lutherweg bietet Ihnen dazu die Gelegenheit. Der Lutherweg in Sachsen führt als 550 km langer spiritueller Rundwanderweg durch die landschaftlich reizvollen Regionen Sächsisches Heideland, Sächsisches Burgenland und Leipziger Neuseenland. Er lädt ein, die Wirkungsstätten der Reformation zu besuchen. Entdecken Sie die Spuren, welche die Reformation bis heute in einer traditionsreichen, historisch gewachsenen Landschaft hinterlassen hat. Durch den Lutherweg in Sachsen werden Städte, Stätten und Orte, an denen Martin Luther und seine Wegbegleiter wirkten, verbunden. Er bildet im Zusammenschluss mit den anderen Lutherwegen in Deutschland ein Netzwerk und hat Anschlüsse nach Thüringen und Sachsen-Anhalt.

Weitere Informationen auf:
www.lutherweg-sachsen.de

....

TOURIST-INFORMATIONEN ENTLANG DES WEGES

Tourist-Information Leipzig
Katharinenstr. 8, 04109 Leipzig
Telefon: 0341 7104260
Mo–Fr 9.30–18 Uhr
Sa 9.30–16 Uhr, So, Feiertage
9.30–15 Uhr, www.leipzig.travel

Stadtinformation Eilenburg
Torgauer Straße 40,
04838 Eilenburg
Telefon: 03423 652222
Di–Fr 9–12 Uhr / 13–17 Uhr,
Sa 9–15 Uhr, So 10–12 Uhr /
13–17 Uhr, www.eilenburg.de

Tourist-Information Bad Düben
Neuhofstraße 3a,
04849 Bad Düben
Telefon: 034243 52886
Mo–Fr 10–17 Uhr, Sa 10–16 Uhr
www.bad-dueben.de

Torgau-Informations-Center
Markt 1, 04860 Torgau
Telefon: 03421 70140
Mo–Fr 9–18 Uhr,
Sa, So, Feiertage 10–16 Uhr
www.tic-torgau.de

Fremdenverkehrsamt Schildau
Bahnhofstr. 17,
04889 Belgern-Schildau
Telefon: 034221 50731
Di 12–15 Uhr, Do 12–18 Uhr
www.belgernschildau.de

Tourist-Information Wurzen
Domgasse 2, 04808 Wurzen
Telefon: 03425 8560400
Mo–Fr 10–13 Uhr / 14–18 Uhr,
Sa, So 11–16 Uhr
www.tourismus-wurzen.de

Stadtinformation Grimma
Markt 3, 04668 Grimma
Telefon: 03437 9858 285
Mo–Fr 10–18 Uhr, Sa 10–16 Uhr
www.grimma.de

Gästeamt Leisnig
Kirchstr. 15, 04703 Leisnig
Telefon: 034321 637090
Di, Do, Fr 10–12 Uhr / 13–16 Uhr,
Sa, So 10–15 Uhr
www.leisnig.de

Döbeln-Information
Obermarkt 1, 04720 Döbeln
Telefon: 03431 579161
Mo–Fr 9.30–13 Uhr /
13.30–17.30 Uhr, Sa 9–12 Uhr
www.doebeln.de

Die Löbnitzer Kirche

Impressum

TORGAU
ORTE DER REFORMATION
Journal 16

Herausgegeben von
von der Stadtverwaltung Torgau
Redaktionskollegium:
Hans Christian Beer,
Axel Frey, Dr. Jürgen Herzog,
Dr. Michael Reiniger

Die Deutsche Bibliothek ver-
zeichnet diese Publikation in der
Deutschen Nationalbibliographie;
detaillierte bibliographische
Daten sind im Internet über
http://dnb.ddb.de abrufbar.

© 2014 by Evangelische
Verlagsanstalt GmbH · Leipzig
Printed in EU · H 7799

IDEE ZUR JOURNALSERIE
Thomas Maess, Publizist,
und Johannes Schilling,
Reformationshistoriker

**GRUNDKONZEPTION
DER JOURNALE**
Burkhard Weitz,
chrismon-Redakteur

COVERENTWURF
NORDSONNE IDENTITY, Berlin

COVERBILD
Jörg Schöner, Dresden

LAYOUT
NORDSONNE IDENTITY, Berlin

BILDREDAKTION
Axel Frey und
Michael Reiniger

BILDBEARBEITUNG
David Burghardt / db-photo.de

ISBN 978-3-374-03875-6
www.eva-leipzig.de

AXEL FREY
verantwortlicher Redakteur

www.luther2017.de

Bildnachweis

Hans Christian Beer: S. 72 u.
Steffen Bothendorf: S. 74/75, 77
Erdmute und Manfred Bräunlich:
S. 32 o., 70, 71
Dirk Brzoska: S. 14
Christoph Busse: S. 8/9, 17, 21, 22, 23,
61, 63, 68
The Cleveland Museum of Art: S. 36/37
Gemeinde Torgau der Neu-
apostolischen Kirche: S. 69
Gunther Emmerlich: S. 81
Evangelische Kindertagesstätte
»Sonnenschein«: S. 73 l.
Evangelisches Jugendbildungsprojekt
»wintergrüne«: S. 73 r.
Geheimes Staatsarchiv Preußischer
Kulturbesitz Berlin: S. 24
Helmut Graul: S. 29
Antje Hainz: S. 46
Hauptstaatsarchiv Dresden: S. 30–35
Archiv Herzog: S. 10 o. r., 10 u.,
44 u., 47 o.
Andreas Holfert: S. 59 u. r.
Allan Jackson: S. 34 u.
Nordsonne: S. 15, 57, 72/73
Michael Reiniger: S. 19 o., 28, 41, 58,
67, 72, 78 u.

Andreas Schmidt: S. 12/13, 18, 19 u.,
20, 31, 51, 52, 59 o., 60, 62, 65, 78 o.
Jörg Schöner: Titelbild
Peter Schönpflug: S. 64
Wolfgang Sens: S. 76
Wolfgang Siesing: S. 79 u.
Staatliche Kunstsammlungen
Dresden: S. 25, 38, 39
Stadt- und Kulturgeschichtliches
Museum Torgau: S. 10 o. l., 11, 16, 26,
32/33, 47 u., 50, 56 u., 59 u. l.
Stadtarchiv Torgau: S. 42, 44,
48, 56 o.
Stadtverwaltung Torgau: S. 1
Stiftung Luthergedenkstätten
in Sachsen-Anhalt: S. 40 l., 40 r.,
43, 53, 66
Thinkstock: S. 6/7
Torgauer Geharnischte e.V.: S. 54, 55
Tourismusverband »Sächsisches
Burgen- und Heideland« e. V.: S. 79 o.
Ulbricht, Oliver: S. 4/5
Villeroy & Boch AG, Unternehmens-
archiv: S. 33 o.